who?

글 윤상석

출판사 편집부에서 오랫동안 어린이 책을 만들어 오다 직접 글을 쓰는 작가가 되었습니다. 그동안 펴낸 책으로는 《환상 특급 체험》, 《과학 특급 체험》, 《역사 만화 태조 왕건》, 《Why? 화폐와 경제》, 《만화 통세계사》 등이 있습니다.

그림 김희송

만화를 사랑하는 마음으로 오랫동안 만화를 그려왔습니다. 극만화와 학습 만화는 물론 다양한 분야의 일러스트 작업을 하고 있습니다.

감수 경기초등사회과연구회
진로 탐색 감수 이랑(한국고용정보원 전임연구원)
추천 송인섭(숙명 여자 대학교 명예 교수)

 세계 인물

버트런드 러셀

개정판 1쇄 인쇄 2024년 11월 15일
개정판 1쇄 발행 2025년 1월 1일

글 윤상석 **그림** 김희송

펴낸이 김선식
펴낸곳 다산북스

부사장 김은영
어린이사업부총괄이사 이유남
책임편집 박세미 **디자인** 김은지 **책임마케터** 김희연
어린이콘텐츠사업1팀장 박정민 **어린이콘텐츠사업1팀** 김은지 박세미 강푸른
마케팅본부장 권장규 **마케팅3팀** 최민용 안호성 박상준 김희연
편집관리팀 조세현 김호주 백설희 **저작권팀** 이슬 윤제희 **제휴홍보팀** 류승은 문윤정 이예주
재무관리팀 하미선 김재경 임혜정 이슬기 김주영 오지수
인사총무팀 강미숙 이정환 김혜진 황종원
제작관리팀 이소현 김소영 김진경 최완규 이지우 박예찬
물류관리팀 김형기 김선민 주정훈 김선진 한유현 전태연 양문현 이민운

출판등록 2005년 12월 23일 제313-2005-00277호
주소 경기도 파주시 회동길 490
전화 02-704-1724 **팩스** 02-703-2219
다산어린이 카페 cafe.naver.com/dasankids **다산어린이 블로그** blog.naver.com/stdasan
종이 신승NC **인쇄** 북토리 **코팅 및 후가공** 평창피앤지 **제본** 대원바인더리

ISBN 979-11-306-5838-4 14990

품명: 도서 | **제조자명**: 다산북스
제조국명: 대한민국 | **전화번호**: 02)704-1724
주소: 경기도 파주시 회동길 490
제조년월: 판권 별도 표기 | **사용연령**: 8세 이상

※ KC마크는 이 제품이 공통안전기준에 적합하였음을 의미합니다.

버트런드 러셀

Bertrand Russell

다산
어린이

자신만의 멘토를 만날 수 있는 who? 시리즈

다산어린이의 〈who?〉 시리즈는 어린이들은 물론 어른들에게도 재미와 감동을 주는 교양 만화입니다. 〈who?〉 시리즈는 전 세계 인류에 영향력을 끼친 인물들로 구성되었으며 인물들의 삶과 사상을 객관적으로 전해 줍니다.

이처럼 다양한 나라와 분야에서 활약한 위인들의 이야기를 통해 과학, 예술, 정치, 사상에 관한 정보는 물론이고, 나라별 문화와 역사까지 배우게 될 것입니다. 〈who?〉 시리즈의 가장 큰 장점은 위인들이 그들의 삶에서 겪은 기쁨과 슬픔, 좌절과 시련, 감동을 어린이들이 함께 느낄 수 있다는 것입니다. 어린이들은 이 책을 읽으면서 폭넓은 감수성을 함양하게 됩니다.

〈who?〉 시리즈의 어린이 독자들이 책 속의 위인들을 통해 자신만의 멘토를 만나 미래의 세계적인 리더로 성장하기를 진심으로 응원합니다.

존 덩컨 미국 UCLA 동아시아학부 교수

존 덩컨(John B. Duncan) 교수는 한국학 분야의 세계적인 석학으로 미국 UCLA 한국학 연구소 소장 및 동 대학의 동아시아학부 교수를 겸직하고 있습니다. 하버드 대학교 교환 교수와 고려 대학교 해외 교육 프로그램 연구센터장을 역임했으며, 주요 저서로는 《조선 왕조의 기원》, 《조선 왕조의 시민 행정의 제도적 기초》 등이 있습니다.

세상을 더 나은 곳으로 만든 사람들의 이야기

　어린이들은 자라면서 수많은 궁금증을 가지게 됩니다. 그중에서도 "저 사람은 누굴까?"라는 질문은 종종 아이들의 머릿속을 온통 지배해 버리기도 합니다. 다산어린이에서 출간된 〈who?〉 시리즈는 그런 궁금증을 해결해 주기 위해 지구촌 다양한 분야의 리더들을 소개하고 있습니다.

　〈who?〉 시리즈에 등장하는 인물들은 인종과 성별을 넘어 세상을 더 나은 곳으로 만든 사람들입니다. 어린이들은 이 책에서 디지털 아이콘으로 불리는 스티브 잡스는 물론 니콜라 테슬라와 같은 천재 발명가를 만날 수 있습니다.

　책 속 주인공들의 어린 시절 이야기를 통해 기쁨과 슬픔, 도전과 성취감을 함께 맛보고, 그들과 함께 성장하면서 스스로 창조적이고 인류에 도움이 되는 사람이 되겠다는 포부와 자신감을 갖게 될 것입니다.

　〈who?〉 시리즈 속에서 다채롭고 생동감 넘치는 위인들의 이야기를 만나 보세요.

에드워드 슐츠 하와이 주립 대학교 언어학부 교수

에드워드 슐츠(Edward J. Shultz) 하와이 주립 대학교 언어학부 교수는 동 대학의 한국학센터 한국학 편집장을 역임한 세계적인 석학입니다. 평화봉사단 활동의 하나로 한국에서 영어 교사로 근무한 경험이 있으며, 현재 한국과 미국, 일본을 오가며 활발한 활동을 펼치고 있습니다. 저서로는 《중세 한국의 학자와 군사령관》, 《김부식과 삼국사기》 등이 있고, 한국 중세사와 정치에 대한 다수의 기고문을 출간했습니다.

미래 설계의 힘을 얻는 길이
여기에 있습니다

어린이가 성장하는 시기에는 스스로 미래를 설계하며 다양한 책을
접하는 경험이 필요합니다.

어린 시절 만난 한 권의 책이 인생에 미치는 영향이 얼마나 큰지는
꿈을 이룬 사람들의 말을 통해서 알 수 있습니다. 빌 게이츠는 오늘날
자신을 만든 것은 동네의 작은 도서관이었다고 말하고, 오프라 윈프리는
어린 시절 유일한 친구는 책이었음을 고백하며 독서의 중요성에 대해
이야기합니다.

꿈을 이룬 사람들의 공통점은 또 있습니다. 그들에게는 어린 시절,
마음속에 품은 롤 모델이 있었습니다. 여러분의 롤 모델은 누구인가요?
〈who?〉 시리즈에서는 현재 우리 어린이들이 가장 닮고 싶어하는 롤
모델을 만날 수 있습니다. 버락 오바마, 빌 게이츠, 조앤 롤링, 스티브
잡스 등 세상을 바꾼 사람들의 감동적인 이야기를 담은 〈who?〉 시리즈는
어린이들이 구체적인 목표를 설정하고 희망찬 비전을 세울 수 있도록
도와줄 친구이면서 안내자입니다. 〈who?〉 시리즈를 통하여 자신의 인생
모델을 찾고 미래 설계의 힘을 얻을 수 있습니다.

송인섭 숙명 여자 대학교 명예 교수

숙명 여자 대학교 명예 교수이자 한국영재교육학회 회장으로
자기주도학습 분야의 최고 권위자입니다. 한국교육심리연구회
회장, 한국교육평가학회장, 한국영재연구원 원장을 역임했습니다.
자기주도학습과 영재 교육의 이론을 실제 교육 현장에 적용하기 위해
노력하고 있습니다.

평생을 이끌어 줄
최고의 멘토를 만날 수 있는 책

10대에 가장 중요한 것은 무엇일까요? 학과 공부와 입시일까요?
우리나라 최초의 국제회의 통역사로 30년 동안 활동하면서 글로벌
리더들을 만날 기회가 수없이 많았던 저는 대한민국의 초등학생들에게
특별한 조언을 해 주고 싶습니다. 그것은 큰 꿈을 가지는 것이 무엇보다
중요하다는 것입니다.

꿈은 힘들고 지칠 때 나를 이끌어 주는 힘이고 내 인생의 주인이 되어
일어설 수 있게 하는 원동력이 되어 줍니다. 꿈이 있는 아이가 공부도
잘하고 결국 그 꿈을 실현할 수 있게 되는 것입니다. 저 역시 어린 시절
품었던 꿈이 지금의 자리에 있게 한 원동력이었습니다. 남들이 모르는 큰
꿈을 마음속에 간직하고 있었기에 괴롭고 힘들어도 포기하지 않고 다시
일어설 수 있었습니다.

어린 시절 저에게도 힘들고 지칠 때마다 용기를 불어넣어 주고
힘이 되어 주었던 분들이 있었습니다. 지금의 자리로 저를 이끌어 준
멘토들처럼 〈who?〉 시리즈에서 여러분의 친구이자 형제, 선생이 되어 줄
멘토를 만날 수 있기를 바랍니다.

최정화 한국 외국어 대학교 교수

우리나라 최초의 국제회의 통역사로 현재 한국 외국어 대학교
통번역대학원 교수로 재직 중입니다. 세계 무대에서 자신의 꿈을
이룬 여성 신화의 주인공으로, 역시 세계에서 꿈을 펼치려고 하는
청소년들에게 멘토로서의 역할을 충실히 하고 있습니다. 저서로는
《외국어 내 아이도 잘할 수 있다》,《외국어를 알면 세계가 좁다》,
《국제회의 통역사 되는 길》 등이 있습니다.

Bertrand
Russell

- 이름: 버트런드 러셀
- 생몰년: 1872~1970년
- 국적: 영국
- 직업·활동 분야: 수학자 ·
  철학자 · 사회 평론가
- 주요 업적: 《수학의 원리》,
  노벨 문학상 수상(1950년)

버트런드 러셀

버트런드 러셀은 할아버지가 영국 총리를 역임한 유명한 귀족
집안에서 태어났어요. 하지만 두 살 때 어머니를 떠나보내고 네
살 때 아버지를 잃는 불행을 겪으며 엄격한 할머니 밑에서 외롭게
성장해야만 했지요. 과연 그가 어떻게 시련을 극복하고 20세기
지식인 가운데 가장 영향력 있는 인물로 손꼽히게 되었는지
알아볼까요?

프랭크

버트런트 러셀의 형으로 어린 시절 천방지축이란 이유로 할머니를 통해 규율이 엄격한 기숙 학교로 보내져 러셀과는 이별하게 돼요. 하지만 방학 때마다 틈틈이 놀러와 수학을 가르쳐 주며 러셀이 수학에 큰 흥미를 가질 수 있도록 도와주었습니다.

화이트헤드

20세기 영국의 대표적인 철학자 중 한 명으로, 기호 논리학 연구로 잘 알려져 있습니다. 러셀과 함께 수학적 논리학에 관한 기초적 책인 《수학의 원리》를 펴냈습니다. 화이트헤드와 출간한 이 책의 출간을 통해 러셀은 논리학과 수학, 철학 분야에서 큰 명성을 얻을 수 있었습니다.

들어가는 말

■ 논리학과 수학, 철학 분야에 위대한 업적을 쌓은 20세기의 위대한 지성이자 휴머니스트인 버트런드 러셀에 대해 알아봐요.

■ 러셀의 고향인 영국의 귀족 지위와 제도에 대해 살펴봅시다.

■ 오늘날 철학자가 하는 일에 대해 알아봐요.

1 외로운 부잣집 아이

1876년 2월, 영국 런던에 있는 저택 펨브로크 로지

오, 이제야 오는구나. 내 손주들~

1872년 5월 18일, 영국의 귀족 집안에서 태어난 버트런드는 집안에서 버티라는 애칭으로 불렸습니다. 버트런드가 두 살 때 어머니와 누나가 급성 전염병에 걸려 세상을 떠났고, 그로부터 18개월 뒤에는 아버지인 앰벌리 자작마저 세상을 떠났습니다.

*자작: 다섯 등급으로 나눈 귀족의 작위 가운데 넷째. 백작의 아래, 남작의 위이다.

그래서 아이들이 여기 온 거야?

부모가 모두 죽었잖아. 할아버지, 할머니의 보살핌을 받아야지.

그럼 이 집에서 살겠네?

그래야겠지.

마님이 보통 엄격한 분이 아니신데, 잘 적응할 수 있을까?

아이들이 힘들겠다.

그만 잡담하고, 어서 부엌에 가서 일하시게.

아, 네.

형, 우리 이제 이 집에서 사는 거야?

아마도.

이제 여기가 도련님들 집이에요. 저희가 잘 돌봐 드릴게요.

놀다 보면
그럴 수도
있죠, 뭐.

네 동생 버티 좀 보아라.
옷매무새가 얼마나
단정하니?

버티가 너무
깔끔한 거예요.
헤헤헤.

어서 가서
새 옷으로 갈아입어라.

나가서 놀아야
하는데…….

어서 옷
갈아
입고
오라고!

네, 알았어요.

프랭크, 복도에서
뛰지 말라고 했지!

알았다고요!

프랭크는 정말
천방지축이군.
이대로 두면
안 되겠어.
규율이 엄격한
기숙 학교에
보내자.

오믈렛이 정말 맛있어요. 버티, 많이 먹었니?

네, 애거서 아주머니와 롤로 아저씨랑 함께 먹어서 그런지 더 맛있었어요.

모두 식사 다 했죠? 그럼 후식을 먹을까요?

오늘의 후식은 오렌지입니다.

오늘은 나도 과일을 먹는 건가?

에이, 빈 접시 뿐이잖아!

나도 요렇게 껍질을 발라내고 오렌지 먹고 싶다.

당시 사람들은 달콤한 과일이 아이들에게 해롭다고 생각했습니다. 그래서 교육을 엄격히 하는 가정에서는 아이들에게 과일을 먹지 못하게 했습니다.

프랭크, 어린이는 과일을
먹으면 안 된다고 했지!

이 집에서는
하면 안 되는 게
너무 많아요!

옷도 내 마음대로 입으면 안 되고,
큰 목소리로 얘기해서도 안 되고,
이제 과일도 먹으면 안 된다고요?

할머니는
늘 하지 마라,
하지 마라!
뭐든지 하지
말라고만 하세요.

프랭크,
우리 집 규칙에
불만이 많구나.
그렇다면
이 집에서 나가
기숙 학교로 가거라.

네, 그렇게요.
저도 이 집보다는
기숙 학교가 더 살기
좋을 것 같아요!

너에게 맞는
기숙 학교를
알아볼 테니,
당장 떠나!

형, 어디 간다는 거야?
난 어떻게 해…….

그런 게 아니야,
버티.

버티,
프랭크는
방학 때마다
집에 올 거야.
그러니 속상해
하지 마라.

방학 때 실컷
보면 되잖아,
버티.

버티, 할머니 말씀대로 방학 때
보면 돼. 내가 방학 때 와서
놀아 줄게.

형, 나랑 약속했다.
꼭 지켜야 해!

그럼,
그럼!

버트런드의 할머니는 깊은 신앙심과
엄격한 도덕관을 지닌 분이었습니다.
그래서 개성이 강했던 프랭크와는 늘
부딪쳤고, 결국 프랭크는 기숙 학교로
가게 됐습니다. 프랭크보다 온순한
성격이었던 버트런드는 할머니 밑에서
말 잘 듣는 아이로 자랐습니다.

와, 여기도 있다!

2년 뒤

헤헤헤,
다섯 개나 모았다.

이제 내 비밀 장소로
가야지~

버티, 거기서
뭐 하니?

어!

롤로 아저씨!

그런데 아저씨, 새알에는 뭐가 들어 있어요?

새의 새끼가 들어 있지. 때가 되면 그 속에서 새끼가 나오거든.

버티가 새에 관심이 많구나. 그럼 알에서 새들이 나오는 걸 보여 줄까?

정말이요?

이리 와 봐.

자, 봐라. 알 속에서 나오는 새끼 새가 보이지?

와, 정말 알 속에서 새끼가 나오고 있어요. 정말 신기해요.

나도 며칠 동안 새 둥지를 관찰하고 있었지. 그런데 오늘 보니까 새끼들이 *부화하고 있더구나.

*부화하다: 동물의 알 속에서 새끼가 껍데기를 깨고 밖으로 나오는 것을 말한다.

전 진짜 엄마가 없어요. 우리 엄마는 돌아가셨다고요.

아차! 내가 말실수를 했구나. 빨리 분위기를 바꿔야겠어.

흠흠...... 버티, 너 밤하늘에서 금성을 본 적 있니?

금성? 그게 뭔데요?

아침에 일찍 동쪽 하늘에서 아주 밝게 빛나는 별이 있단다. 그 별이 바로 금성이지.

내일 아침에 일찍 일어나서 금성을 꼭 봐야겠다!

다음 날 새벽

아함, 잘 잤다.

얼른 나가서 금성을 봐야지.

금성은 얼마나 밝을까?

동쪽 하늘에 있다고 했지? 동쪽 하늘이 ······.

앗, 저기 있다! 정말 반짝반짝 빛나네!

와, 정말 예쁘다~

어라, 벌써 해가 뜨잖아! 아침 먹기 전까지 산책이나 해야겠다.

어릴 때부터 부지런했던 버트런드는 매일 아침 일찍 일어나 샛별(금성)과 해돋이를 보곤 했습니다.
날씨가 좋은 날에는 아침 일찍 집을 빠져나가 아침 식사 전까지 산책을 즐기기도 했습니다.

3년 뒤

역시 정원에 나오면 기분이 좋아.

여기 앵초 꽃이 폈네.

정말 예쁘게 생겼다.

지난번에 이 근처에서 롤로 아저씨와 분명히 봤는데……

아, 저기 있다!

와, 오늘은
유난히 밤하늘에
별이 많네!

엄마, 아빠는
어떤 분들이었을까?

버티.

어, 할머니!

무슨 생각에
잠겨 있는
거니?

엄마, 아빠 생각을 하고 있었어요.
어떤 분들이었을까 궁금해서요.

두 분 다 제가 너무
어렸을 때 돌아가셔서 기억이
잘 안 나거든요.

버티, 엄마와 아빠 생각은 하지 않는 게 좋겠다.

왜요, 할머니?

이 세상에 있지도 않은 부모를 떠올리느라 시간과 감정을 낭비하는 건 옳지 못해.

하지만 엄마, 아빠가 보고 싶단 말이에요!

넌, 네 부모를 떠올릴 때마다 슬퍼하며 눈물 흘리겠지. 그 뒤에는 스스로 가엽게 여기느라 점점 나약해질 테고.

우리 가문에는 그런 나약한 아이 따윈 필요 없다. 가문을 이끌어 갈 패기 넘치는 당당한 사람이 필요할 뿐이야.

하, 할머니…….

친구도 없고,
이야기할 사람도 없어.
하지만……

그래, 저기가 좋겠다!

음…….
숲의 향기가
정말 좋아.

이렇게 책을 읽으면
친구가 없어도, 이야기할
사람이 없어도 괜찮아.

친구 하나 없이 커다란 집에 살고 있던
버트런드를 외로움으로부터 구해 준 것은
바로 자연과 책이었습니다.

버트런드 러셀의 성공 열쇠

버트런드 러셀은 영국의 유명한 귀족 집안에서 태어났습니다.
하지만 두 살 때 어머니를 떠나보내고 네 살 때 아버지를 잃는
불행을 겪었지요. 그는 부모의 얼굴도 제대로 기억하지 못한
채 엄격한 할머니 밑에서 홀로 외롭게 성장해야만 했습니다.
하지만 러셀은 많은 역경과 좌절을 극복하고 수리 철학
분야에 큰 업적을 쌓았어요. 그리고 철학과 교육, 정치, 종교,
심리학 등 다양한 분야의 수많은 책을 써서 노벨 문학상까지
받았어요. 또한, 여성 참정권을 위해 일했으며, 평화를
사랑하여 제1차 세계 대전 때는 반전 운동에 적극적으로
앞장섰습니다. 그는 핵무기 반대 운동에도 참여했는데,
세계적으로 유명한 과학자들이 평화를 위해 설립한
국제기구인 '퍼그워시 회의'를 만들기도 했습니다. 말년에는
평화 재단을 설립하여 정치나 종교적인 이유로 박해받는
사람들을 위해 일한 러셀은 아흔여덟 살까지 지칠 줄 모르는
열정으로 세계 많은 사람에게 큰 영향을 끼쳤습니다. 그
결과 사람들은 러셀을 20세기 지식인 가운데 가장 영향력 있고
다양한 활동을 한 인물로 손꼽고 있습니다.
그럼 지금부터 러셀이 이런 위대한 인물이 될 수 있었던
비법이 무엇인지 함께 알아볼까요?

20세기 최고의 지성으로 불리는 철학자이자 수학자 버트런드 러셀

반핵 시위에 참가한 버트런드 러셀(가운데)

하나 호기심

러셀이 어린 시절을 보낸 집에는 아주 넓은 정원이
있었습니다. 러셀은 혼자 있을 때면 정원으로 가서
대부분의 시간을 보냈어요. 호기심이 풍부했던 러셀은
정원 이곳저곳을 살피며 다녔고, 어느 떡갈나무에 가장
먼저 잎이 돋는지도 알게 되었지요. 또한, 러셀은 자연에

대한 궁금증도 많아서 아침 일찍 일어나 샛별을 관찰하거나
해돋이를 보기도 했습니다.

이렇게 호기심이 많았던 러셀은 수학을 배울 때도 수학 공식을
외우는 것에만 만족하지 않고 그 공식의 원리를 알기 위해
노력했어요. 특히 형에게 유클리드 기하학을 배운 뒤에는
공리를 증명 없이 인정해야만 한다는 것에 실망하고, 공리를
증명할 수 있는 방법에 대해 궁금해 했습니다. 그 뒤, 이
궁금증을 발전시켜 수학의 진리라고 말할 수 있는 근거를
찾고자 노력했습니다.

러셀의 아버지 앰벌리 러셀

둘 독서

러셀은 어린 시절 학교에 다니지 않고 집에서 가정 교사에게서
교육받았습니다. 그래서 친구를 사귈 수 없는 외로운 생활을
해야만 했어요. 이런 외로움에서 러셀을 구해 준 것 중 하나가
바로 독서였습니다.

러셀의 할머니는 러셀에게 책을 많이 읽어 주었어요.
러셀이 책을 읽을 수 있게 되자 반대로 러셀이
할머니에게 책을 읽어 주었지요. 어린 시절부터
셰익스피어, 밀턴 등이 쓴 영국의 대표적인 문학
작품을 읽은 러셀은 독서를 통해 장차 노벨 문학상을 탈
수 있는 글솜씨를 다질 수 있었습니다.

러셀은 청소년이 되자 독서량을 더욱 늘렸어요. 또한,
정치와 경제, 철학과 논리학, 종교 등 다양한 주제의
책을 읽었고, 심지어는 스스로 그리스어와 이탈리아어를
익혀서 단테와 마키아벨리가 쓴 유명한 고전들을 읽기도

러셀이 어린 시절을 보낸 저택

했습니다.

이렇게 러셀은 독서를 통해 여러 방면에 해박한 지식을
갖게 되었고, 이후에는 다양한 주제에 대한 책을 쓸 수 있게
되었답니다.

어린 시절의 버트런드 러셀

셋   목표 의식

러셀은 형에게 유클리드 기하학을 배운 뒤부터 수학의 매력에
푹 빠지게 되었어요. 그 뒤, 러셀은 수학을 진리라고 말할 수
있는 근거를 발견하겠다는 목표를 세우게 되었지요.
수학의 기본 개념을 논리적 개념으로 정의할 방법을
찾은 뒤에는 하루라도 빨리 그 방법을 원고로 쓰기 위해
노력했어요. 그래서 러셀은 3개월 동안 하루에 10장씩 원고를
써 나갔고, 3개월도 채 되지 않은 기간에 20만 단어가 넘는
원고를 완성할 수 있었답니다.
또한, 러셀은 자신이 발견한 수학의 원리에 작은 모순이
있다는 것을 발견하고는 그 해결 방법을 찾기 위해 아침마다
백지 한 장을 앞에 놓고 온종일 백지를 응시하기도 했습니다.
이렇게 노력하여 결국 해결 방법을 찾은 뒤에도 4년 동안
날마다 10시간에서 12시간을 원고 작업에 매달렸어요. 원고의
양이 많아지자 러셀은 산책에 나설 때마다 집에 불이 나서
원고가 타지 않을까 염려하기도 했지요. 이렇게 완성된
원고는 그 양이 엄청나서 4륜 마차를 동원해서 옮겨야 할
정도였습니다.

who? 지식사전

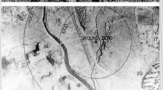

핵폭발 전후의 나가사키시의 모습

평화를 사랑하는 마음

러셀은 어린 시절 드넓은 정원에서 홀로 시간을 보냈습니다. 정원에서 뛰어노는
동물들의 평화로운 모습을 보며 자란 러셀은 평화를 사랑하는 마음을 갖게 되었어요.
러셀은 어른이 되어서도 평화를 사랑하는 마음을 잃지 않았습니다. 제1차 세계
대전이 일어나 모두 영국이 전쟁에 참전하기만을 기대하는 분위기에서도 러셀은
적극적으로 전쟁에 반대했어요. 그리고 강연을 다니며 사람들에게 평화를 호소했고,
전쟁터에서 목숨을 잃는 병사들을 생각하며 안타까워했습니다.
또한, 러셀은 일본의 히로시마와 나가사키에 원자 폭탄이 떨어져 수만 명의 시민이
한 번에 목숨을 잃었다는 소식을 듣고 크게 슬퍼하여 핵무기 없는 평화로운 세상을
만들기 위해 여생을 바쳤습니다.

넷 굽히지 않는 집념

러셀은 어린 시절에 수학 공부에 재미를 붙여 밤늦게까지
공부한 적이 많았습니다. 이때 공부를 끝내고 어서 잠을
자라는 할머니의 호통에도 러셀은 공부를 계속하겠다는
고집을 꺾지 않았어요. 그 대신 할머니가 오면 언제든지
침대로 가서 자는 척할 수 있도록 책상 위에만 촛불을 켜고
한겨울에도 잠옷만 입은 채 공부했습니다.

러셀의 이런 모습은 어른이 되어서 자기 신념을 지키기 위해
어떠한 억압에도 굽히지 않는 집념으로 나타났지요.

러셀은 여성의 참정권을 주장하기 위해 선거 후보로 나선 적이
있어요. 선거 유세 도중에 심한 야유를 받고 달걀 세례까지
받았지만, 러셀은 자신의 뜻을 굽히지 않았답니다.

1950년대 이후 강대국들이 핵무기 경쟁을 벌일 때, 러셀은
핵무기 반대 운동에 적극적으로 앞장섰어요. 정부의 심한
탄압받기도 했으며, 아흔 살이 다 되어가는 나이에 감옥에
갇히기도 했지요. 하지만 러셀은 뜻을 굽히지 않고 죽는
날까지 자신의 신념을 위해 행동했습니다.

런던에 있는 러셀의 동상

펨브로크 로지와 리치먼드 공원

러셀이 어린 시절을 보낸 펨브로크 로지는 런던의 리치먼드 공원 안에 자리
잡고 있습니다. 리치먼드 공원은 영국 런던에 있는 왕립 공원 중 하나로
영국에서 가장 넓은 도심 공원이지요. 이 공원은 중세 시대에 사냥터로
쓰였는데, 13세기에 에드워드 왕이 공원으로 만들었고, 헨리 7세가 '리치먼드
공원'이라 이름을 지었습니다. 리치먼드 공원은 숲과 초원이 드넓게 펼쳐져
있으며 야생 동물이 많기로 유명해요. 그래서 공원 안에서는 사슴이 무리지어
다니며 풀을 뜯는 모습을 쉽게 볼 수 있지요. 펨브로크 로지는 리치먼드
게이트 쪽에 있으며, 현재는 일반인에게 개방되어 레스토랑으로 쓰이고
있답니다.

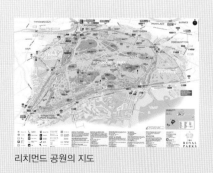

리치먼드 공원의 지도

2 궁금한 건 못 참아

1883년 여름, 열한 살이 된 버트런드는 학교에 다니는 대신 집에서 가정 교사로부터 교육받았습니다.

네……

이 문제 또 틀렸잖아. 너, 수학 공식 안 외웠구나!

다음 수업 때 다시 시험 볼 테니, 오늘 네가 틀린 문제에 나오는 수학 공식을 모조리 외우거라.

수학은 암기 과목도 아닌데, 왜 자꾸 외우라고 하시는 거죠?

공식을 외워야 문제를 풀 것 아니야!

이 공식을 이해도 못하는데, 어떻게 외우기만 해요.

잔말 말고 외우기나 해. 알았어?

네, 선생님.

도대체 이 공식은 왜 이런 거야?

이 공식에 대해 이해시켜 주지는 않고 왜 자꾸 외우라고만 하시냐고.

버티, 무슨 고민 있니?

앗, 형 목소리다!

선분 BC를 그린 뒤, 선분 BC의 중점인 D에서 시작하는 수직 이등분선을 그어 봐.

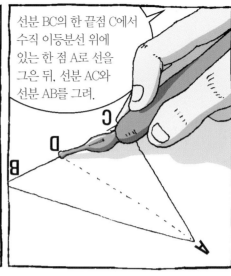

선분 BC의 한 끝점 C에서 수직 이등분선 위에 있는 한 점 A로 선을 그은 뒤, 선분 AC와 선분 AB를 그려.

C
D
B

이렇게 하면 선분 AB와 AC의 길이가 같다는 걸 삼각형의 합동을 통해 증명할 수 있지. 이게 바로 유클리드 기하학의 *명제 중 하나야.

와, 정말 재미있다!

어려운 게 아니고, 재미있다고?

응, 재밌어!

대단한걸! 대부분 기하학이라는 말만 들어도 어려워하는데⋯⋯.

그래? 설명을 듣고 나니, 하나도 어렵지 않아.

우리 버티가 수학에 소질이 있나 본데?

수학 공식도 제대로 못 외워서 선생님께 매일 혼나는데 뭘⋯⋯.

*명제: 어떤 문제에 대한 하나의 논리적 판단 내용과 주장을 언어 또는 기호로 표시한 것.
참과 거짓을 판단할 수 있는 내용이라는 점이 특징이다.

그럼 계속 유클리드 기하학의 다음 명제를 증명해 볼까?

형, 그런데 유클리드 기하학은 몇 개의 *공리에서 출발하잖아.

그렇지.

예들 들어 두 점 사이의 최단거리는 직선이라는 공리 말이야. 이것도 증명되어야 한다고 생각해.

그럼 공리도 증명되어야 하는 거 아니야?

버티, 공리는 증명 없이 인정해야 하는 거야.

공리를 받아들이지 않으면 더 이상 기하학의 진도를 나갈 수 없어.

아, 그렇구나……

오늘은 여기까지.

오늘 배운 걸 완전히 이해할 때까지 너 혼자 복습해 봐.

응, 알았어.

*공리: 수학이나 논리학에서 증명 없이도 진리로 인정되며 다른 명제를 증명하는 데 전제가 되는 원리

그러니까…….

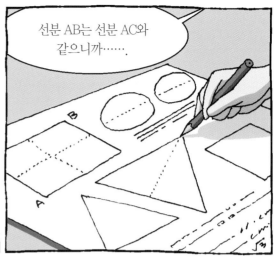

선분 AB는 선분 AC와 같으니까…….

변 BAD와 변 CAD는 같아.

와, 이렇게 증명할 수 있다니, 정말 신기해.

형 말처럼 내가 정말 수학에 소질이 있나? 다음 명제도 한번 증명해 봐야지.

그런데 이 기하학의 출발점이 된 공리는 증명 없이 인정해야 한다니, 좀 이상해. 하지만 이것을 계속 배우려면 어쩔 수 없이 공리를 받아들여야겠지? 언젠가는 내가 이 문제를 해결하고 말 테야.

명제를 증명하는 건
정말 재미있어.

이렇게 공부하니,
수학 문제
푸는 게
정말 즐거워.

버티, 아직도 공부하니?

네, 할머니.

버티, 온종일
방에서 공부만 했잖니.
이제 그만 자거라.

조금만
더 할게요,
할머니.

안 돼! 그러다
건강을 해칠 수
있어. 내일부터는
공부 시간을 줄여야
한다, 알겠니?

네, 알겠어요.

선생님께
숙제도 내지
말고 수업 시간도
줄이라고 할 테니,
그런 줄 알아라.

네, 할머니.

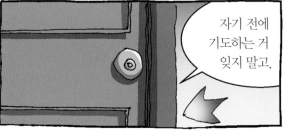

자기 전에
기도하는 거
잊지 말고.

이렇게 재미있는데, 지금 그만둘 수는 없지.

버티, 자라고 했지! 당장 불 끄고 침대에 누워라.

네, 할머니……

조금 더 수학을 공부하고 싶은데, 어쩌지?

그래, 할머니 발걸음 소리가 들리면 바로 자는 척하는 거야. 그러려면 일단 준비를 해야지.

잠옷으로 갈아입고, 촛불은 하나만 남기고 다 끄자.

후~

히힛! 이렇게 공부하면 되지~

앗, 할머니다!

저벅

저벅

버티, 자니?

푸우~
음냐음냐…….

녀석,
이제야 자는군.

히히히, 성공!

그럼 다시
시작해 볼까?

형과 함께 유클리드 기하학을
공부한 것은 버트런드의 인생에서
가장 큰 사건이었습니다.
이후 버트런드는 수학 공부를 그
어떤 것보다 더 열심히 했습니다.

완벽해!

버티, 정말 대단하다.
또 백 점이야, 백 점!

헤헤헤.

다른 것도
물어보세요.

실력이 날로
성장하니, 널 가르치는
선생님도 기분이 정말
좋구나.

그럼,
이 동전이
왜 빙글빙글
도는지도
아니?

이건
모르겠지?

제가 손가락으로 *짝힘을
발생시켰기 때문이죠.

헉! 짝힘이 뭔 줄
알고 있었니?

그럼요. 이 정도야
식은 죽 먹기죠.

정말 대단하구나, 버티.

너무 자만하면
공부에 소홀해질
수도 있는데······.
이참에 기를 꺾어
놓아야겠군.

*짝힘: 물체에 작용하는 크기가 같고 방향이 반대인 평행한 두 힘.
　　　물체에 짝힘만 작용할 경우에 물체는 회전 운동만을 한다.

버티, 네가 풀었던 문제는 학교에 다니는 아이라면 누구나 풀 수 있단다. 짝힘도 그 아이들은 이미 알고 있지.

그, 그래요?

그래, 그러니 너무 자만하지 마라.

네, 선생님.

아, 추워. 잠옷만 입고 공부하기엔 겨울밤이 너무 추워. 하지만 할머니에게 들키지 않으려면 어쩔 수 없지.

그런데 선생님 말씀대로 정말 학교 다니는 애들은 내가 지금 배운 걸 이미 다 알고 있을까? 그 아이들에게 비하면 내가 많이 부족한가?

학교에서는 도대체 어떻게 배우기에 학생들 수준이 그렇게 높지?

롤로 아저씨,
물어볼 게 있어요.

버티,
왜 그러니?

학교에
다니는 아이들은
모두 공부를
잘하나요?

잘하는 아이도 있고,
못하는 아이도 있고.
모두 다르지.

근데 그게
왜 궁금하니?

버티, 다른 아이들이
공부를 잘하든 못하든,
그런 건 중요하지 않아.

학교 다니는
아이들은 모두 저보다
공부를 잘하는 것
같아서요.

너는 그냥 네가 할 수 있는
온 힘을 다해
열심히
공부하면
된단다.

버티가 벌써
열두 살이 되었구나!

버티,
생일 축하한다!

버티, 열두 번째
생일을 축하해.

버티,
축하한다!

버티, 생일
선물이란다.

고맙습니다,
할머니!

할미가 선물한
성경책을 항상
읽으며 하느님 말씀
안에서 살도록 해라.

네, 할머니.

내가 좋아하는 성경 구절을
표지 안쪽에 적어 두었단다.

한번 볼까요?

어떤 구절이지?

다수를 따라 악을 행하지 마라?

"다수를 따라
악을 행하지 마라."

이게 무슨 뜻이에요?

모든 사람이 옳지 못한
행동을 한다고 하더라도
이에 휩쓸리지 않고,
나만은 올바른 행동을
해야 한다는 뜻이지.

그 구절을 항상 마음속에
담아 두고 살아야 한다.
알겠니?

네, 할머니.

1887년, 열다섯 살이 된 버트런드는 이탈리아어와 그리스어를 익혀 단테와 마키아벨리가 쓴 고전을 읽을 수 있을 정도가 되었습니다. 책을 좋아할수록 버트런드는 생각의 폭이 넓어졌습니다.

그러던 어느 날

하늘에 계신 우리 아버지, 예수님의 이름으로 기도드렸습니다.

하느님께서는 우리를 사랑하십니다.

하느님은 정말 계실까?

왜 사람들은 본 적도 없는 하느님을 믿고 따르는 거지?

열여섯 살이 된 러셀은 본격적으로 수학을 공부하고 싶어졌습니다. 그래서 케임브리지 대학교 입학을 준비하기 위해 예비 학교에 다니게 되었습니다.

오늘 수업은 여기까지!

러셀, 오늘 여자애들이랑 놀러 갈 건데 같이 갈래?

그래, 너도 같이 가자.

아니야, 난 공부하러 갈래.

쳇! 어린 자식이 고지식 하기는 ······.

난 케임브리지 대학에 가려고 이곳에 온 거야. 여자들과 놀려고 온 게 아니라고.

지금 안 놀면 후회할걸?

너 설마, 여자들이 무서워서 그러는 건 아니지?

어, 이건?

수학……, 그래, 수학!

그래, 나한텐 수학이 있었어. 아이들이 괴롭혀도 수학만 생각하는 거야.

그러면 모두 이겨 낼 수 있을 거야.

힘들고 외로울 때면 수학 공부를 했던 버트런드는 무사히 예비 학교를 마치고 케임브리지 대학교에 장학생으로 입학할 수 있었습니다.

영국의 귀족 제도

버트런드 러셀은 영국의 귀족 집안에서 태어났습니다. 그의 할아버지 존 러셀은 영국 총리를 두 번이나 지낸 백작이었어요. 백작 작위는 자손에게 상속되는데, 러셀 집안의 백작 작위는 존 러셀의 뒤를 이어 버트런드의 형인 프랭크에게 상속되었지요. 하지만 형이 세상을 떠난 뒤, 버트런드는 1931년에 백작 작위를 물려받아 러셀 백작 3세가 되었어요. 그럼 지금부터 러셀이 상속받은 영국의 귀족 지위와 제도에 대해 함께 살펴볼까요?

영국의 신분 제도를 풍자한 그림

귀족은 사회적으로 특권을 인정받는 사람들을 뜻해요.

하나   영국 귀족 제도의 유래

귀족은 가문이나 신분이 좋아서 사회적으로 특권을 인정받는 사람들을 뜻합니다. 귀족은 고대 그리스나 로마 시대에도 있었지만, 영국 귀족의 뿌리는 중세 유럽에서 시작되었어요. 중세 유럽은 왕권이 약하여 왕의 권력이 나라의 구석구석 모든 곳에 미치지 못했지요. 그래서 왕은 각 지방의 권력자들에게 자신을 대신해서 지방을 다스리게 했습니다.

중세 시대가 끝나면서 유럽의 왕들은 지방 영주들의 권력을 약화시키고 자신의 지배 체제를 강화하고자 했어요. 그러려면 왕을 위해 일하는 관료가 많이 필요했는데, 이 관료들에게 왕이 귀족 칭호를 내려 자신에게 충성하도록 했지요.

근대에 들어서면서 유럽의 많은 나라에서는 시민 혁명이 일어났어요. 이 시민 혁명으로 여러 나라에서 귀족 제도가 없어졌지요. 프랑스에는 과거에 10만 명이나 되는 귀족이 있었으나 프랑스 혁명을 거치면서 사라졌고, 러시아와 독일도 혁명을 거치면서 귀족 제도가 사라졌습니다. 하지만

영국은 명예혁명이란 평화적인 혁명을 거치면서 귀족 제도가
살아남을 수 있었고, 여전히 국가 질서의 한 축으로 자리잡고
있어요. 특히 영국의 상원 의회는 왕과 귀족들과의
회의에서 유래되었기 때문에 지금도 많은 귀족이 상원
의원으로 있답니다.

프랑스 혁명 때 시민에게 공격받는 바스티유 감옥

둘 세습 귀족과 종신 귀족

영국의 귀족은 세습 귀족과 종신 귀족으로 나뉩니다.
세습 귀족은 작위가 후손에게 세습되는데, 공작과
후작, 백작과 자작, 남작 등의 작위가 있습니다. 하지만
반역죄 등의 중한 죄를 저지를 경우에는 국가에서
작위를 거두어들이지요.
종신 귀족은 정치, 경제, 사회, 과학 등 각 분야에서 국가에
크게 이바지한 사람을 총리의 제안에 따라 왕이 임명하는
귀족입니다. 종신 귀족의 작위로는 남작 작위가 있으며, 그
작위는 평생 가질 수 있지만 후손에게 물려줄 수는 없습니다.
이 종신 귀족 제도는 1958년 도입되었는데, 매년 종신 귀족의
수가 많이 늘어나면서 세습 귀족의 설 자리가 조금씩 사라지고
있습니다.

공작에게 주는 관

who? 지식사전

프랑스의 중세 사회 계급

프랑스 혁명 이전의 프랑스는 사회를 세 가지 계층으로 분류했어요. 제1신분은
'성직자'이며, 제2신분은 '귀족', 제3신분은 '평민'이었습니다.
왕은 신분을 초월한 것으로 간주했는데, 이것은 기독교가 지배하는 유럽에서뿐만
아니라 중세 시대나 근세에 모두 해당하는 것이었어요. 이런 사회 계급은 1789년
일어난 프랑스 혁명으로 무너지고 말았습니다. 절대 왕정이 지배하던 프랑스는
프랑스 혁명을 기점으로 자본가 계급이 급부상했습니다.

프랑스의 세 가지 계층. 성직자, 귀족, 평민

셋 **영국 귀족의 구성**

영국 귀족의 작위에는 공작, 후작, 백작, 자작, 남작이 있는데, 그중 가장 높은 지위가 공작이에요. 공작은 왕 바로 아래 지위로, 원래 큰 영토를 다스리는 지방의 통치자였습니다. 공작의 지위는 20여 가문 정도가 가지고 있는데, 이들 가문은 아직도 영국 사회에서 상당한 영향력을 가지고 있어요. 공작 작위는 보통 장남이 상속받는데, 공작 상속자는 물론 그의 형제들도 귀족 대우를 받습니다.

공작 다음으로 높은 귀족 작위는 후작이에요. 후작 지위는 30여 가문이 가지고 있는데, 후작 역시 장남이 상속받습니다. 귀족 작위 중 가장 오랜 역사를 지닌 것이 바로 백작입니다. 그래서 오늘날 오래된 귀족 가문일수록 백작 가문이 많고, 백작 가문에서 공작, 후작 가문으로 발전한 경우도 매우 많습니다. 그런데 백작은 공작이나 후작과 달리 상속자만이 귀족 대우를 받을 수 있습니다. 백작 가문은 현재 180여 가문이 있답니다.

자작과 남작은 주로 큰 땅을 다스리던 공작, 후작, 백작이 자기 땅을 다른 사람을 통해 다스리게 하려고 만든 거예요. 남작은 원래 영주라는 말로 영지를 가진 귀족을 뜻하는데, 전체 귀족 1,000명 중 절반을 차지할 정도로 많습니다. 특히

〈베리 공작의 매우 화려한 기도서〉에 그려진 공작의 모습

who? 지식사전

영국 최초의 여성 총리, 마거릿 대처

마거릿 대처

마거릿 대처(1925~2013년)는 영국 최초의 여성 보수당 당수를 거쳐 영국 최초의 여자 총리가 된 인물입니다. 마거릿 대처 전 영국 수상은 총리직을 세 차례 역임하면서(1979년~1990년) 영국병에 찌든 영국을 시장 경제 국가로 살려 냈어요. 마거릿 대처는 역대 영국 총리 가운데 이름 다음에 'ism'(주의)이 붙는 유일한 총리인데, 대처 총리의 통치 철학은 '대처리즘(Thatcherism)'이라고 불립니다. 이는 마거릿 대처 수상이 얼마나 위대한 정치 지도자였는지 보여 주는 증거이기도 하지요. 보수적이며 강경한 성품으로 '철의 여인'이라고 불리기도 한답니다.

남작의 경우는 세습 남작과 종신 남작으로 구분되는데,
종신 남작은 정치, 경제, 사회, 과학 등 각 분야에서 국가에
크게 기여한 사람에게 수여되는 작위로, 후손에게 물려줄 수
없습니다. 영국의 전 수상이었던 마거릿 대처도 1992년에
남작 작위를 받았습니다.

'기사'라는 작위는 말을 모는
기마무사에게서 유래되었습니다.

넷　귀족이 아닌 작위

영국에는 공작, 후작, 백작, 자작, 남작 밑으로도 작위가
있습니다. 바로 준남작과 기사 작위입니다. 이들 작위를 가진
사람들은 비록 귀족으로 인정받지는 못하지만, 사회적으로
존경받고 있지요. 그래서 준남작과 기사에게는 '서(Sir)'라는
존칭을 사용합니다.
준남작은 남작 밑의 작위이지만 귀족에는 포함되지 않아요.
하지만 종신 귀족과 달리 후손에게 세습할 수 있습니다.
한편, 영국 왕실은 매년 새해를 맞이할 때와 여왕의 생일을
기념해서 영국을 빛낸 인물들에게 작위를 수여합니다.
이때 부여되는 작위가 '기사'예요. 기사는 중세 때는 직업
기마무사를 의미했지만 오늘날에는 왕에게 작위를 받은
사람을 의미하지요.

기사 수여식

버트런드 러셀의 할아버지, 존 러셀

존 러셀(1792~1878년)은 아일랜드 총독을 지낸 베드퍼드 공작의 여섯 번째 아들입니다.
1830년에 선거법 개정안을 성공시키면서 큰 명성을 얻게 되었는데, 그 뒤 내무장관,
식민장관, 외무장관, 추밀원 의장 등을 역임했고, 1846년에는 영국의 총리가 되었어요. 존
러셀은 개혁에 앞장선 정치인으로, 근로 시간 단축법과 공공 건강법을 추진했지요. 1852년
총리에서 물러난 뒤, 1861년에 백작 작위를 받았습니다. 1865년에 다시 총리가 되었지만
이듬해에 물러났어요. 그 뒤 런던 리치먼드 파크에 있는 펨브로크 로지 저택에서 살다가
1878년 세상을 떠났습니다.

버트런드 러셀의 할아버지
존 러셀

③ 케임브리지 대학 생활

케임브리지 대학교에 입학한 러셀은 수학을 전공했습니다.

여기가 러셀의 방 맞니?

똑 똑

맞아, 내가 러셀이야.

안녕, 러셀!
난 이 기숙사 207호에
사는 크롬프턴이야.

난 206호에 사는
프라이!

그런데
내 방에는
어쩐 일이야?

수학과 화이트헤드 강사님 알지?

그 강사님이
널 높이 평가한
모양이야.

화이트헤드 강사님이
널 눈여겨보라고
하셨거든.

쉽게 말하면, 그냥 친구가 되려고
찾아왔어. 하하하.

아,
그렇구나!

와, 밀의
《정치 경제학 원리》를
가지고 있네?

저자의 사상이
고스란히 담긴 책이라
정말 좋아해.

그래, 나도
이 책 재미있게
읽었어.

하지만 난 이 책을 쓴
작가의 사상에
동의할 수 없어.

왜?

작가가 너무 좁은 시각을 지닌
것 같거든.

나도
그 의견에
동의해.

나는 그렇게
생각하지 않아.
이 책에 실린
작가의 사상은
오랜 연구 끝에
나온 거야.

따라서 작가의 사상을
존중해 줘야 한다고 생각해.

그래, 사람마다
느끼는 건 다를 수
있으니까.
네 의견
존중해 줄게.

와! 내 생각을 이렇게 자유롭게 말할 수 있다니, 어떤 의견이든 열린 마음으로 들어 줄 수 있는 친구들이 나에게도 생긴 건가?

고지식한 성격이었던 러셀은 케임브리지 대학교에 입학한 뒤, 마음에 맞는 사람들과 생활하며 사교적인 성격으로 변했습니다.

사도회에 대해 들어 봤니?

사도회의 초대장을 받은 사람만 가입할 수 있대.

최고의 학생들만 가입할 수 있다는 그 모임?

사도회라고?

웬 봉투가 책상에 있지?

토요일 밤 10시에 A관 두 번째 강의실로 혼자 몰래 오라고?

보낸 사람 이름도 없고……, 혹시 사도회의 초대장?

따라오는 사람은 없겠지?

아무도 없나? 여기가 맞는 것 같은데…….

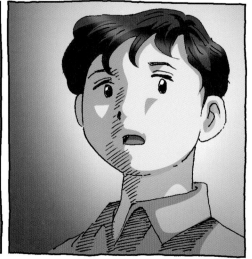

환영합니다!

러셀, 축하해!

러셀, 사도회 회원이 된 걸 축하해.

정말 내가 사도회 회원이 된 거야?

그렇다니까!

우아~ 소문대로 정말 뛰어난 인재들만 모였네!

1892년 초, 러셀은 케임브리지 대학교의 비밀 토론 모임인 '사도회'의 멤버가 되었습니다. 사도회는 1820년부터 이어져 온 역사가 오래된 모임으로, 케임브리지 대학교의 뛰어난 인재 대부분이 이 모임 회원이었습니다.

사도회는 아무나 들어올 수 없는 비밀 토론 모임이야.

왜 비밀 모임인데?

비밀이 유지되어야 어떤 주제든 자유롭게 토론할 수 있잖아.

그래서 일반 학생들은 사도회 회원이 누군지, 어디서 모임을 여는지 모르는 거였구나!

우리 모임에서는 토론할 때 제한이나 금지 사항이 없어서 어떤 말이 나와도 괜찮아.

그것참 마음에 든다.

어쨌든 러셀, 우리 모임의 회원이 된 걸 축하해.

그럼 나도 케임브리지를 대표하는 우수 학생으로 인정받은 건가?

그렇지. 하하하하.

사도회 토론 때 보면, 넌 모든 주제에 막힘이 없는 것 같아.

내가 그랬나?

3학년이 된 러셀은 사도회에서 조지 무어를 만났습니다. 그는 러셀이 철학에 눈뜨는 데 많은 영향을 준 인물이었습니다.

어떻게 하면 너처럼 해박한 지식을 가질 수 있는 거지?

난 철학을 좋아해서 철학책을 많이 읽거든.

철학?

어떤 분야든 그 근본에는 철학적 사고가 필요하더라고.

아. 그렇구나.

러셀, 넌 철학 좋아하니?

밀의 저서 외에는 그다지 접해 보지 못했어. 하지만 요즘은 틈틈이 이것저것 찾아 읽고 있어.

철학책을 읽고 있다니 다행이군.
철학을 공부하면 다른 분야
공부에도 많은 도움이 될 거야.

맞아,
그런 거 같아.

그럼 다음에 만날 땐,
그동안 읽은 철학책을
주제로 토론하자.

무어는 역시
대단한 친구야.

그래,
철학!
모든
학문의
근본인
철학을
공부해야겠어.

1893년, 러셀은 학부를 졸업했지만,
철학 공부를 조금 더 하기 위해
케임브리지 대학교에서 1년간
더 공부했습니다.

버티, 이 결혼은 안 된다!

할머니, 저는 엘리스를 사랑합니다.

버티, 엘리스는 귀족 출신도 아니잖니. 너와 어울리지 않아.

귀족이 아니면 어때요? 우린 서로 사랑해요.

엘리스는 너보다 나이도 다섯 살이나 많잖니!

상관없어요.

엘리스는 순진한 너를 이용하려는 거야. 모르겠니?

아니에요! 엘리스도 저를 사랑해요.

머리가 너무 복잡해.
책이라도 읽으면서 마음을
진정시키자.

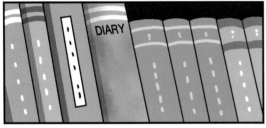

어, 이건 아버지의
일기장이잖아!

이럴 수가!
아버지도
나와 똑같은
나이에 엄마에게
청혼하셨어.

아빠도 할머니의 결혼 반대에 힘들어하셨군. 그때도 할머니는 아버지께 내게 한 말과 똑같은 말을 하셨어.

맙소사! 내가 아버지의 인생을 다시 한번 사는 느낌이야.

아버지는 어머니와 함께 여성 참정권을 주장하는 등 사회 운동에 적극적으로 참여하셨어. 이 일기장을 통해 아버지의 새로운 모습을 많이 알게 됐는걸?

여성에게도 투표권을 줘야 합니다!

나도 아버지처럼 남들 눈치 보지 않고 내가 하고 싶은 일을 하면서 살고 싶어. 그래, 이번 기회에 엘리스와 결혼하고 할머니의 보살핌에서 벗어나 독립하는 거야.

러셀은 할머니의 반대에도 결국 엘리스와 결혼했습니다. 이를 계기로 러셀은 할머니로부터 완전히 독립했습니다.

통합 지식+ 3

버트런드 러셀의 첫사랑, 수학

버트런드 러셀은 어린 시절 형에게 유클리드 기하학을 배우면서 수학과 사랑에 빠졌습니다. 러셀이 사랑한 수학은 어떻게 시작되었을까요?

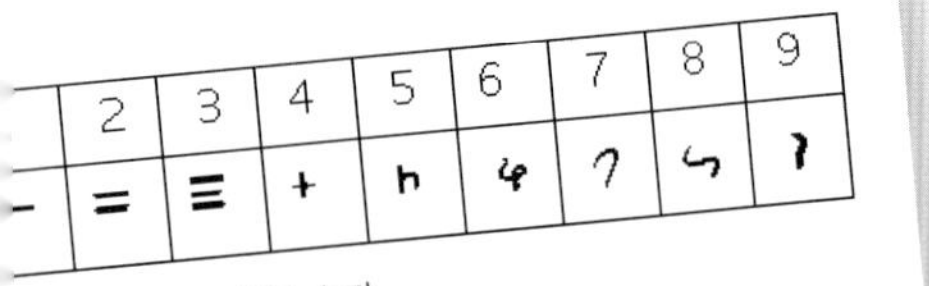

1세기 힌두 숫자

하나 수의 시작

수학은 아주 먼 옛날에 하나, 둘, 셋……, 같이 수를 세고 그 수를 숫자로 기록하면서 시작되었어요. 기원전 3500년경 메소포타미아 지역의 수메르 사람들은 진흙 판에 쐐기 문자를 기록했는데, 이때 움푹 파인 세모 모양으로 숫자를 기록했습니다. 이것이 세계 최초의 숫자라고 할 수 있어요. 하지만 현재 우리가 사용하는 숫자는 쐐기 문자가 아니라, 아라비아 숫자입니다. 아라비아 숫자는 7세기경 인도에서 발명되었고, 인도와 무역을 하고 있던 아라비아 상인들에게 전해졌습니다. 그리고 9세기경에 에스파냐 사람들이 아라비아 사람들에게 이 숫자를 배워 사용하면서 유럽에 퍼졌지요. 아라비아 숫자가 쓰이기 전에 유럽 사람들은 로마 숫자를 사용했는데, 아라비아 숫자보다 사용하기가 어려웠다고 합니다.

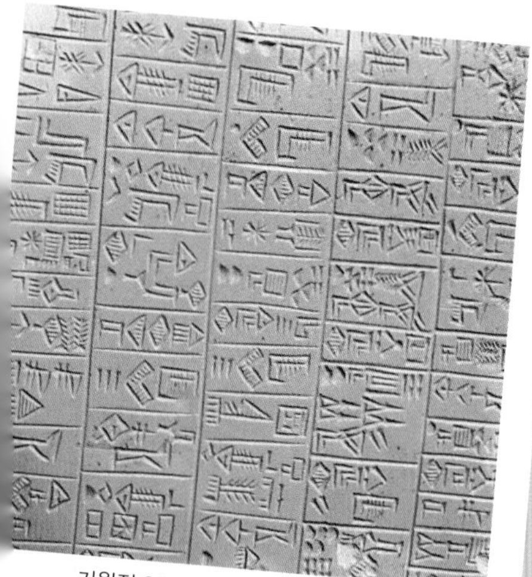
기원전 2600년경 수메르인이 사용했던 쐐기 문자

who? 지식사전

숫자 0의 시작

숫자 '0'은 수가 없다, 즉 아무것도 없다는 뜻이에요. 그런데 아주 먼 옛날 사람들은 아무것도 없는 상태를 표현할 줄 몰랐습니다. 그래서 0의 개념을 몰랐지요. 그런데 5세기경 인도 사람들은 무한을 나타내는 수이자 아무것도 없는 상태를 표현하는 기호를 생각해 냈어요. 0은 계속 도는 모양이고 텅 빈 상태를 나타내기 때문에 그 기호로 알맞다고 생각했습니다. 그때부터 인도 사람들은 0을 사용하기 시작했습니다. 그 뒤, 0은 아라비아 사람들에게 전해졌고, 유럽에까지 전해졌습니다.

'0'에 수의 의미를 부여한 브라마굽타

오늘날 우리가 사용하고 있는 아라비아 숫자, 즉 1, 2, 3, 4, 5, 6, 7, 8, 9, 0은 인도에서 발명되었어요. 이 숫자가 유럽에 알려진 이후 셈이나 수의 기록이 매우 편리하게 되었고, 유럽 수학도 급속히 발달했지요. 그러나 인도에서 생겨났다는 것 외에 누가 만들었는지는 정확히 알 수가 없답니다.

우리는 아라비아 숫자 중 '0'을 눈여겨볼 필요가 있어요. 0이 있기 때문에 아무리 큰 수라도 간단하게 쓸 수 있고, 1과 10을 쉽게 구분할 수 있게 되었지요. 이때의 0은 숫자적인 기능이라기보다 기호적인 기능을 하고 있답니다. '비어 있는 자리'를 채우는 기호로 말이지요.

하지만 수세기가 지난 뒤 인도의 수학자 브라마굽타는 0이 숫자들을 구별하는 기능만 가지고 있는 것이 아니라 그 자체가 고유한 수임을 주장했어요. 이때부터 0은 아무것도 없음을 뜻하는 '무(無)'의 개념을 가진 숫자가 되었지요. 고대 그리스의 위대한 철학자들도 눈치채지 못했던 이 개념을 최초로 인정한 브라마굽타는 이외에도 0보다 작은 수인 음수의 뜻을 설명했고, 원에 내접하는 사각형의 네 변의 길이를 알고 있을 때 그 사각형의 면적을 구하는 공식인 '브라마굽타 공식'으로도 유명하답니다.

고대 인도의 수학자 브라마굽타
© Purnendu Karmakar

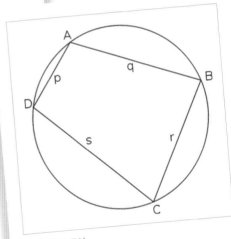

브라마굽타 공식

숫자 0의 비밀

'0'에는 어떤 수를 곱해도 0이 나옵니다. 즉, 아무리 나누고 싶어도 몫을 구할 수가 없지요. 나머지는 나누는 수보다 작아야 하는데, 나눠지는 수인 1이 그대로 나오기 때문에 어떤 수를 0으로 나누는 것은 불가능해요.

0을 0으로 나누려고 하면 몫의 자리에 쓸 수 있는 수가 너무 많아서 탈이죠. 0에는 어떤 수를 곱해도 0이 나오는데, 몫을 어느 하나의 수로 정할 수가 없어요. 그렇기에 나눗셈의 정의가 바뀌지 않는 한 우리는 그 누구도 어떤 수를 0으로 나눌 수 없답니다.

고대 그리스의 수학자 유클리드

셋 유클리드 기하학이란?

어린 러셀을 수학에 푹 빠지게 했던 '유클리드 기하학'이란
도대체 무엇일까요? 사실 유클리드 기하학이란 특별한
기하학은 아닙니다. 고대 그리스의 수학자 유클리드라는
사람이 당시 피타고라스, 플라톤 학파가 알아낸 도형에 관한
지식과 자신이 알아낸 기하학 지식을 정리해서 《기하학
원론》이라는 책을 펴냈는데, 이 책에 기록된 기하학을
'유클리드 기하학'이라고 하는 것이지요.
유클리드 기하학은 초등학교와 중·고등학교에서 배우는
도형에 관한 성질을 주요 내용으로 삼고 있기 때문에 '초등
기하학'이라고도 합니다.
유클리드는 증명 없이 인정해야 하는 공리로부터 논리적인
추리를 통해 얻은 명제를 '정의'라고 했습니다. 유클리드가
인정한 공리로는 '직각은 모두 서로 같다', '임의의 점과
다른 한 점을 연결하는 직선은 단 하나뿐이다' 등이 있는데,
'피타고라스의 정리'도 이 공리가 없이는 증명할 수 없습니다.
독일의 수학자 리만은 커다란 원을 직선으로 생각하고
직선 밖의 한 점을 지나, 이것에 평행한 직선은 하나도

who? 지식사전

라파엘로의 〈아테네 학당〉. 유클리드가
컴퍼스를 잡고 있습니다.

기하학의 아버지, 유클리드

유클리드는 기원전 300년경에 고대 그리스에서 활약했던 수학자예요. 과거로부터
전해지는 기하학을 집대성해 《기하학 원론》을 쓴 뒤 제자들을 가르쳤지요.
유클리드는 알렉산드리아에서 프톨레마이오스 1세 왕에게 기하학을 가르친 적이
있었습니다. 왕은 어느 날 유클리드에게 《기하학 원론》을 통하지 않고 기하학을
쉽게 배울 수 있는 방법을 물었어요. 당시에도 기하학 원론은 쉽지 않았기
때문이지요. 그러자 유클리드는 이렇게 대답했다고 합니다.
"기하학에는 왕도가 없습니다."
이처럼 유클리드는 아무리 왕이라고 하더라도 제자에게 엄격했답니다.

존재하지 않는다고 주장하며 '타원적 비유클리드 기하학'을
발표했습니다. 이 비유클리드 기하학의 발견은 이후 물리학에
커다란 영향을 미쳤습니다.

넷 명제의 참과 거짓

어떤 내용이 참인지 거짓인지 판별할 수 있는 문장이나
식을 '명제'라고 해요. 명제는 참과 거짓을 분명히 밝힐
수 있지요. 예를 들어 '2는 짝수이다'라는 문장은 '참',
'3+4=2'의 식은 '거짓'이 되지요.
그렇다면 $x-1>0$는 명제일까요?
이 식은 $x=1$이면 $x-1=0$이 되므로 거짓이 되고,
$x=4$이면 $x-1=3$이므로 참이 되지요. x의 값에 따라서
참일 수도 있고, 거짓일 수도 있는 식이에요. 이런 식은
명제라고 할 수 없어요.
만일, 이 식에 $x>1$이라는 조건을 준다면 어떨까요?
$x-1>0$(단, $x>1$)은 '참'인 명제가 되지요.

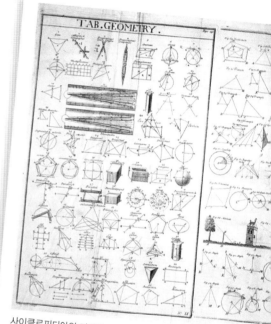

사이클로피디아의 기하학표

만물의 근원은 '수'라고 말한 피타고라스

고대 그리스의 수학자이며 철학자인 피타고라스는 수학의 발전에 이바지한
인물입니다. 만물의 근원을 수로 본 피타고라스는 피타고라스의 정리를 통해
기하학에도 많은 업적을 남겼습니다. 그리고 천문학 연구를 통해 지구가 둥글다고
믿었으며, 태양을 중심으로 지구가 공전하고 지구의 자전으로 낮과 밤이 생기고
기울어진 자전축으로 인해 계절의 변화가 생긴다고 설명했습니다. 지금은 당연한
지식이지만 당시로는 아주 획기적인 이론이었어요. 하지만 그는 자신의 사상을
기록하는 것을 금지했기에 저서가 남아 있지 않습니다. 그래서 그의 업적이 그의
것인지 아니면 그의 제자들 것인지 정확히 알 수 없답니다.

피타고라스 동상

4 수학에 논리의 기초를 세워라

철학에서 탁월한 실력을 발휘한
러셀은 대학 졸업 뒤, 6년간
케임브리지 대학교에서 지원금을
받으며 연구할 수 있게 되었습니다.

차 마시면서
좀 쉬었다 하세요.

고마워요,
엘리스.

버티, 요즘 외출도 하지 않고
쓰는 원고가 도대체
뭐예요?

내 연구 논문을 다듬고 있어요.

대학 출판부에서 내 논문을 책으로 내 주겠다지 뭐예요.

어머, 정말 반가운 소식이네요.

버티, 편지 왔어요.

러셀의 논문은 1897년 《기하학의 기초에 관한 연구》라는 제목의 책으로 출판되었습니다.

이 편지 프랑스에서 왔는데요?

프랑스에는 아는 사람이 없는데, 누굴까?

프랑스의 루이 쿠튀라? 왜 나한테 편지를 보냈지?

누군데요?

프랑스의
철학자이자
논리학자예요.

만난 적도 없는 사람인데,
왜 내게 편지를 보냈지?

하하하, 이 사람이
내 책을 칭찬하는군.

오, 정말이에요?

만난 적도 없는 외국 사람에게
칭찬의 편지를 받다니,
정말 기분이 좋군.

러셀의
《기하학의 기초에 관한 연구》는
많은 학자로부터 주목을
받았습니다.

여기가 토론회장이에요.

어서 들어가세.

1900년 7월, 러셀은 파리에서 개최된 국제 철학 대회에 스승인 화이트헤드와 함께 참석했습니다.

선생님, 저 사람 대단하지 않아요?

이탈리아 수학자 페아노 말인가?

페아노는 다른 사람들보다 항상 정확해요. 그리고 자신이 시작한 토론 주제에서는 다른 사람들을 꼭 이기죠.

페아노는 그의 탄탄한 수학적 논리 때문에 다른 사람들보다 정확해요.

나도 그렇게 생각하네.

수학에 논리의 기초를 세워라 **83**

1은 자연수입니다.
어떤 N이 자연수이면
그다음 수 N′ 역시 자연수이죠.
그래서 N′=1인 자연수는 없습니다.
M과 N이 다르면 그다음 수인
M′와 N′도 다릅니다.

그래, 저거야! 나도 한때는 페아노처럼 사람들이 당연히 그렇다고 믿지만, 누구도 왜 그런지 생각해 보려 하지 않는 공리를 증명해 보이겠다 다짐했었어.

페아노 같은 사람을 만나다니, 파리에 오길 정말 잘한 거 같아요.

자네 페아노한테 푹 빠졌군.

그 사람이 쓴 논문이나 책을 연구해 보고 싶어요.

그건 왜지?

제 최대 관심사인 수학이 진리임을 밝히는 작업에 도움이 될 거 같아서요.

그럼 페아노를 같이 만나 보기로 하지.

그래 주시면 감사하죠.

러셀은 페아노의 논문과 책을 모아서 연구에 몰두했습니다.

$1+1=1$이 될 수 없는 것은 $N+1=N'$ 즉 $1+1=1'$가 되기 때문이야. 우리는 수학에서 $1'=2$라고 사용하기로 합의했기에 $1+1=2$가 될 수밖에 없어. 이 모든 게 결국은 사회적 약속이지.

이거 흥분되는군.

오랫동안 날 좌절시켰던 문제의 답이 이제야 명확히 보이는 것 같아.

페아노의 책을 통해 내가 오래전부터 하고 싶었던 작업에 필요한 새롭고 강력한 도구를 얻었어.

그래, 수학의 기초는 논리학 위에 세워질 수 있어.

러셀, 잘되어 가나?

선생님, 오셨어요?

내가 들어오는 것도 모르고 열중하는 걸 보니 뭔가 굉장한 걸 발견한 모양이야.

네, 굉장합니다.

그래, 그동안의 연구에 성과가 있었나?

네, 큰 성과가 있었어요.

마치 안갯속에서 산을 오르다 정상에 도달해 보니, 갑자기 안개가 싹 걷히고 사방의 풍경들이 한눈에 들어오는 기분이에요.

오, 그래!

페아노의 책에서 *기호 논리학의 새로운 기법을 배웠거든요.

여기서 수학의 기본 개념을 논리적으로 정의할 수 있는 결정적인 단서를 얻었어요.

*기호 논리학: 수학적 연산을 할 수 있도록 논리 형식을 기호화하여 다루는 논리학

하지만 얼마 지나지 않아 러셀은 자신의 원고에
아직 해결해야 할 문제가 남아 있음을 알아챘습니다.

러셀, 문제점을
발견했다고?

네, 모순을 발견했어요.

어떤 모순이지?

저는 수를
정의하는 데
'집합의 집합'
이라는 개념을
사용했어요.

여기서 집합은
크게 두 가지로
나눌 수 있지요.

두 가지?

먼저, 그 자신을
구성원으로 하지 않는
집합이 있어요.
자연수의 집합처럼
그 집합의 구성원은
자연수이고,
집합 자체는 스스로
구성원이 아닌 경우이죠.

집합 자체가 스스로 구성원이 아닌 경우는 연필의 집합이나 왼손잡이들의 집합처럼 대다수의 보통 집합을 뜻하겠군.

네, 맞습니다.

그리고 자연수가 아닌 모든 것의 집합처럼 그 자신을 구성원으로 하는 집합이 있어요.

그런데 그 자신을 구성원으로 하지 않는 집합들의 집합을 살펴보면 모순이 생겨요.

어떤 모순? 쉽게 설명해 줄 수 있겠나?

예를 들어 설명할게요. 스스로 이발하지 않는 사람들이 모여 사는 마을이 있다고 쳐요.

그런데 그 마을에 스스로 이발하지 않는 모든 사람을 이발해 주는 이발사가 있어요. 그러면 그 이발사는 스스로 이발을 할까요?

싹둑 싹둑

이발사가 스스로 이발하지 않는다면, 스스로 이발하지 않는 모든 사람을 이발해 준다는 말과 모순이 되겠군.

싹둑 싹둑

이발사가 스스로 이발한다면, 스스로 이발하지 않는 사람들이 모여 산다는 말과 모순이 되겠고.

이 모순을 발견한 뒤로 아무것도 할 수 없게 됐어요.

그렇겠군.

자기 자신을 구성원으로 하지 않는 집합들의 집합을 A라고 부를 때, 이 집합 A는 그 자신이 집합의 구성원일까요?

집합 A가 집합의 구성원이라면, 집합 A는 그 자신을 구성원으로 하지 않는 집합들의 집합이라는 말에 모순이 되겠군.

반대로 집합 A가 집합의 구성원이 아니라면, 집합 A는 그 자신을 구성원으로 하지 않는 집합들의 집합이므로 모순이 되는 거고.

네, 맞습니다.

이 문제가 쉽게 해결될 거 같나?

열심히 하다 보면, 곧 해결할 수 있을 겁니다.

그래, 꼭 해결하길 바라네.

그렇게 1년이 지나갔습니다.

도대체 해결 방법을 찾을 수가 없어.

러셀, 해결 방법은 찾았나?

아니요. 이 모순을 해결하는 건 보통 일이 아닌 거 같아요.

그렇군.

수학에 논리의 기초를 세워라 **93**

이제 어찌할 셈인가?

일단 완성된 원고부터 출판하려고요.

그래, 그게 좋겠군.

앞으로 1년 동안 원고를 조금 더 다듬어서《수학의 원리》를 출판할 겁니다.

그럼 그 모순이 포함된 원고는 어떻게 할 텐가?

《수학의 원리》속편을 계획하고 있습니다. 그때 이 모순을 해결해 넣겠어요. 선생님께서 속편을 쓸 때 공동으로 집필해 주셨으면 합니다.

좋네. 그렇게 하지.

그로부터 1년 뒤인 1903년,《수학의 원리》가 드디어 출판되었습니다. 이 책이 출판되자 러셀은 하루아침에 수학계에서 유명 인사가 되었습니다.

러셀 이 친구 정말 대단해!

러셀이 발견한 이 모순은 피할 수가 없어.

아니야, 뭔가 방법이 있을 거야.

하지만 1년이 지난 뒤에도 러셀은 모순을 해결하지 못했습니다.

이 모순을 해결할 수가 없어. 해결 방법이 떠오르지 않아.

오늘도 해결 방법은 찾지 못하고 빈 종이만 온종일 쳐다보고 있었군.

어쩌면 남은 내 인생 모두를 이 백지만 쳐다보면서 보내게 될지도 몰라.

도대체 어떻게 해야 하지?

2년 뒤

러셀, 뭔가를 발견했다면서?

아, 어서 오세요.

그게 뭔가?

제 나름의 방법을 발견했습니다. 그동안 저를 괴롭혔던 난제들을 극복할 첫걸음이 될 거 같아요.

모순이 일어나는 이유는 집합이 그 자신을 구성원으로 할 수 있다는 생각 때문이에요.

그래서?

오랜만에 밖에 나오니, 기분이 좋군.

혹시 내가 산책을 하는 동안 집에 불이라도 나면 어쩌지? 그동안 쓴 원고가 다 타 버릴 텐데…….

불안한데, 그냥 집으로 갈까?

집에서 글만 썼더니, 신경증에 걸렸나 보군. 이럴수록 더 산책을 해야지.

그래도 불안하니, 집이 보이는 길로만 걷자. 혹시라도 연기가 나면 재빨리 가서 불을 끄면 되니까.

1910년

선생님, 이게 마지막이에요.

드디어 원고를 모두 검토했군.

이제 출판하는 일만 남았네요.

그래, 어서 세상의 빛을 보게 하세.

그런데 이 많은 원고를 어떻게 출판사로 옮기지.

헉, 우리가 언제 이렇게 많은 원고를 썼지요?

이 원고를 다 옮기려면 4륜 마차를 불러야겠어.

그게 좋겠는데요.

러셀과 화이트헤드가 함께 작업한 《수학의 원리》 속편은 수학의 원리를 라틴어로 쓴 《프린키피아 매스매티카 (Principia Mathematica)》라는 이름으로 1910년부터 1913년까지 순차적으로 출판됐고, 이를 통해 러셀은 논리학과 수학, 철학 분야에서 큰 명성을 얻을 수 있었습니다.

이 책이 수학 발전에 조금이라도 보탬이 될 수 있었으면 좋겠군.

이 집합을 A라고 부르기로 합시다.

러셀은 젊은 나이에 왕립 학회의 회원이 되었고, 논리학과 철학 분야에서 그 이름을 떨칠 수 있었습니다. 또한, 1910년부터 케임브리지 대학교에서 강의를 맡게 되었습니다.

러셀과 그의 저서

러셀은 아흔여덟 살까지 장수하면서 다양한 분야에 걸쳐 40여 권의 책을 남겼습니다. 1950년 노벨 문학상을 받은 사실이 알려 주듯 러셀은 뛰어난 문장가였습니다.
지금부터 버트런드 러셀이 낸 책들을 살펴봅시다.

하나 《철학의 문제들》

러셀이 1912년에 펴낸 책으로 철학을 처음 공부하려는 일반인을 위해 펴낸 책입니다. 이 책에서 러셀은 인식론을 중심으로 철학을 알기 쉽게 설명하고 있어요. 철학을 공부하고자 하는 사람이라면 누구나 읽어야 할 책으로 평가받는 《철학의 문제들》은 지금도 많은 사람이 찾고 있습니다.

노벨상을 만든 알프레드 노벨

둘 《자유로 향하는 길》

제1차 세계 대전이 끝나 갈 무렵, 미국의 한 출판사에서 러셀에게 사회주의와 무정부주의 등을 주제로 간략한

who? 지식사전

독일의 철학자이자 정치학자, 경제학자인 카를 마르크스

마르크스주의

'마르크스주의'는 마르크스와 엥겔스에 의해서 체계화된 과학적 사회주의를 말합니다. 이들은 생산력이 발전함과 동시에 생산력과 생산관계에 모순이 생기고, 낡은 생산관계가 파괴되며 새로운 생산관계가 생겨난다고 주장했습니다. 그리고 이 변화를 만드는 힘을 계급 투쟁이라고 보았는데, 마르크스는 자본주의의 모순을 생산의 사회적 성격과 소유의 사적 성격의 모순에서 찾고 있습니다. 그것이 사회주의 사회이며, 프롤레타리아는 계급 투쟁을 통해서 이 부정을 실현해야 한다고 말합니다.

설명글을 의뢰했어요. 이를 계기로 러셀은 영국의 사회주의 이론가 조지 더글러스 하워드 콜의 도움을 받아 이 책을 쓰게 되었습니다.

이 책은 미국 독자들에게 마르크스주의와 무정부주의 등을 간략히 소개하고, 그러한 사상들이 실현된 세계에서 생길 수 있는 문제점들을 지적했습니다. 또한 러셀은 이 책의 제2부에서 무상 교육과 기본 소득 보장 등을 제시하며 이상적인 사회주의의 모습을 소개했습니다.

셋 《행복의 정복》

1930년에 처음 발표된 이 책은 러셀이 60년 가까이 살면서 가지게 된 자신의 행복관에 대해 소개하고 있습니다.

이 책의 앞부분에서는 사람을 불행하게 만드는 원인을 파헤쳤어요. 그는 여기서 어두운 인생관, 경쟁, 피로, 권태, 질투, 죄의식, 피해망상 등이 사람을 불행하게 만든다고 주장했지요. 책의 뒷부분에는 열의, 사랑, 가족, 일 등 행복한 사람이 되기 위해서 노력해야 할 것들을 소개하고 있습니다.

무정부주의, 즉 아나키즘의 대표적 상징인 Circle-A 문양

진화론이란?

진화론이란 생물은 생활 환경에 적응하면서 단순한 것으로부터 복잡한 것으로 진화하며, 생존 경쟁에 적합한 것은 살아남고 그렇지 못한 것은 도태된다는 학설입니다.
일반적으로 진화를 사실로 확신시킨 것은 영국의 생물학자 다윈의 진화론입니다.

인류가 원숭이 자손이라고 말하는 것을 비꼰 풍자화

넷 《과학의 미래》

1931년에 처음 발표된 이 책에서 러셀은 비판적인 시각으로 과학 문명의 현재와 미래를 꿰뚫어 보았습니다. 이 책은 크게 3부로 나뉘어 있는데, 제1부에서는 과학적 지식에 관한 내용을 담고 있으며, 과학사와 과학 철학의 전반적인 내용을 소개하고 있습니다. 제2부에서는 과학적 기술을 다루고 있는데, 과학이 이제까지 새로운 기술을 발전시켜 온 다양한 방식을 설명해 줍니다. 제3부에서는 과학 기술의 잘못된 사용으로 인해 생길 수 있는 암울한 미래 사회를 묘사했고, 과학이 전체주의와 결합해 탄생시키는 독재의 세상에 대해 경고했습니다. 이 책은 《멋진 신세계》를 쓴 올더스 헉슬리와 《1984년》을 쓴 조지 오웰 등 당시 미래 과학 소설가들에게 많은 영향을 끼쳤습니다.

영국의 작가 올더스 헉슬리

다섯 《종교와 과학》

러셀이 1935년에 발표한 이 책에서는 400년 전부터 과학이 발달하면서 겪게 되는 신학과 과학 사이의 갈등을 소개하고 있습니다. 러셀은 이 책에서 과학과 신학 간에 다툼이 있을 때마다 과학이 승리해 왔다고 주장하면서 과학자들이 본래 가지고 있는 자유로운 생각과 연구를 회복해야 한다고 말하고 있습니다.

영국의 작가 조지 오웰

여섯 《서양 철학사》

러셀이 1940년대 초반에 미술사를 연구하는 재단인 반스 재단에서 강의한 내용을 묶어 펴낸 책입니다. 1945년에 출간된 이 책은 베스트셀러인 한편, 러셀이 쓴 책 중에서 가장 대중적으로 성공하여 러셀에게 많은 부와 명예를 안겨 주었습니다.

이 책은 소크라테스, 플라톤, 아리스토텔레스 등의 고대
그리스 철학에서부터 시작해 중세의 가톨릭 철학과 베이컨,
데카르트, 스피노자 등의 근대 철학, 그리고 현대의 논리
분석 철학까지 서양 철학사에서 중요한 위치를 차지하고 있는
철학자의 주요 사상을 자신의 독특한 시각으로 소개했습니다.
또한 러셀은 동양의 거대한 정신세계를 존중하여 책의 제목을
'세계 철학사'라고 하지 않고 《서양 철학사》라고 지었답니다.

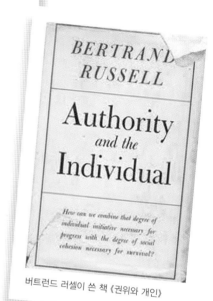

버트런드 러셀이 쓴 책 《권위와 개인》

일곱 《권위와 개인》

러셀은 1949년에 BBC 방송 강연을 부탁받고 '권위와
개인'이라는 주제로 여섯 번에 걸쳐 강연했습니다. 그 뒤
러셀은 강연한 내용을 정리해서 《권위와 개인》이라는 제목의
책을 발간했지요.

이 책에서는 인간의 본성은 무엇이고, 인류 문명은 어떻게
시작되었으며, 어떻게 사회를 구성하고 있는지를 설명하고
있습니다.

who? 지식사전

노벨 문학상을 받은 철학자, 베르그송

철학자 베르그송은 러셀에 앞서 유일하게 철학자로서 노벨 문학상을 받은 사람입니다.
베르그송은 1859년 10월 18일, 프랑스 파리에서 태어났습니다. 그는 다윈과 스펜스의
진화론에 영향을 받아 생명의 창조적 진화를 주장했는데, 그의 학설은 철학, 문학, 예술
분야에 많은 영향을 주었습니다. 또한 그는 철학 교수로 있으면서 많은 책을 썼는데, 그의
책은 문체가 뛰어나고 이해하기 쉬운 비유가 많아 독자들에게 많은 사랑을 받았습니다.
특히 그의 저서 《창조적 진화》는 매우 인기가 높았습니다. 그는 뛰어난 문장력을 인정받아
1927년에 《물질과 기억》으로 철학자 최초로 노벨 문학상을 받았습니다.

프랑스의 철학자 앙리 베르그송

1914년, 유럽은 전쟁의 광풍이 불기 시작했습니다.

오스트리아-헝가리 제국 황태자가 세르비아인에게 암살당한 뒤부터 세상이 뒤숭숭해졌어.

오스트리아가 세르비아에 *선전 포고를 했군.

게다가 두 나라의 동맹국들까지 서로에게 선전 포고를 하는 상황이야.

우리 영국도 가만히 있지 않겠는걸?

유럽 전체가 필요 없는 전쟁에 뛰어들고 있어.

이 전쟁을 막아야 해. 적어도 우리 영국은 전쟁에 뛰어들지 말고 중립을 지켜야 해.

그게 어디 말처럼 쉽겠나?

* 선전 포고: 한 나라가 다른 나라에 대하여 전쟁을 시작한다는 것을 공식적으로 알림

평화주의자 러셀 **111**

* 호외: 특별한 일이 있을 때에 임시로 발행하는 신문이나 잡지

러셀 씨가 전쟁을 반대하는 글을 썼군.

러셀은 전쟁을 반대하는 글을 써서 신문사에 보냈고, 많은 사람이 러셀의 글을 읽었습니다.

전쟁은 우리 문명과 모든 희망을 불살라 버리는 일이라는데?

하지만 이러한 러셀의 노력에도 전쟁은 계속되었고, 그 피해는 점점 커졌습니다.

아직 전쟁에 참여하지 않고 중립을 지키는 미국만이 전쟁에 참여한 양쪽 국가를 설득할 수 있어.

미국 윌슨 대통령에게 공개편지를 보내 세계를 구해 달라고 호소해 보자.

전쟁 중단을 위해 미국이 나서야 할 때
"윌슨 대통령께
이 전쟁을 종식할 수 있는 힘이 바로 당신에게 있습니다.
미국이 양 진영에 중재안을 내놓는다면,
그에 대한 협상 지지 움직임이 일어날 것입니다.
이러한 일은 오직 미국의 대통령인 당신만이 할 수 있습니다.
우리에게 평화를 가져다주기를 유럽의 이름으로 호소하는 바입니다."

1916년, 러셀의 편지는 평화 단체를 통해 미국의 거의 모든 신문에 실렸습니다.

윌슨 대통령만이 유럽을 파괴하고 있는 이 전쟁을 멈출 수 있어요.

역시 러셀 씨의 말이 맞는 것 같아요.

맞아요. 윌슨 대통령이 중재안을 내야만 해요.

러셀의 편지는 여론을 움직이는 데는 성공했지만, 미국 정부를 움직이지는 못했습니다.

내가 아무리 노력해도 변하는 건 없구나. 아니, 점점 더 상황은 악화되고 있어.

계속해서 젊은이들 전쟁터에서 목숨을 잃 도시는 파괴되고 있

뭐야, 인쇄물을 배포하던 동지들이 모두 잡혔다고?

이럴 수가!

순식간에 경찰들이 들이닥쳐서…… 어쩔 수 없었습니다.

이를 어쩌죠. 그 인쇄물의 글을 선생님이 쓰신 걸 알면, 경찰이 선생님도 잡으려 할 텐데…….

러셀 선생님, 어서 몸을 피하시는 게 좋을 거 같습니다.

내가 쓴 글 때문에 젊은 동지들이 잡혀갔습니다. 그런데 어떻게 나만 살자고 도망칠 수 있겠습니까!

내 발로 경찰서로 가겠습니다.

서, 선생님!

*유언비어: 근거 없이 널리 퍼진 소문

무엇을 보고 글을 썼든, 피고 버트런드 러셀에게 징역 6개월을 선고한다!

1918년 5월, 러셀은 석연치 않은 판결로 교도소에 갇혔습니다.

아아, 지금 내가 할 수 있는 일이 아무것도 없어. 지금 이 시간에도 전쟁터에선 죄 없는 젊은이들이 죽어 가고 있는데도 말이지.

그래, 그들을 위해서라도 이 시간을 헛되이 보낼 수는 없어. 감방 안에서 내가 할 수 있는 일을 찾는 거야.

그래, 글을 쓰자!

일상적인 글을 쓰는 것만 허락하겠습니다. 정부 정책에 반대하는 글을 쓰다가 발각될 때에는 엄중한 처벌을 내리겠습니다.

알겠소.

러셀은 감방 안에서 매일 여덟 시간씩 책을 읽었고, 네 시간 동안 철학과 관련된 글을 썼습니다. 이렇게 6개월 동안 러셀은 한 권의 책을 쓸 수 있었습니다.

러셀 선생님, 고생하셨습니다.

6개월 뒤, 러셀은 교도소에서 나왔습니다.

이렇게 환영해 주니, 고맙습니다.

자네 눈에는 저 사람들이 진정으로 평화를 갈망하는 것으로 보이나?

고통스런 전쟁을 겪었잖아요. 지금은 진정으로 평화를 원하지 않을까요?

아니야. 저 사람들은 전쟁에서 배운 게 아무것도 없어. 상황이 바뀐다면 언제든 또다시 전쟁을 원할지도 몰라.

설마요?

전쟁이 남긴 상처는 생각지 않고, 승리에 하는 저들의 모습을 보니 그런 생각이 든다네.

아!

나도 전쟁이 끝나서 기쁘다네. 하지만 나의 기쁨과 저 사람들의 기쁨 사이에는 큰 차이가 있는 거 같군.

그렇군요.

1914년부터 1918년까지 계속된 전쟁은 학자로 살아온 러셀의 삶을 뒤흔들어 놓았습니다. 이후 러셀은 철학서만이 아닌, 다양한 소재의 책을 쓰기 시작했습니다.

러셀과 사람들

러셀은 귀족 집안 출신답게 어릴 적부터 많은 유명 인사와
친분을 맺었습니다. 케임브리지 대학교에 있을 때에는
수재들의 비밀 모임인 사도회 활동을 통해서 많은 인재와
친분을 쌓았고, 핵무기 반대 운동과 같은 사회 활동을 펼치며
세계적인 인물들과 교류했습니다. 지금부터 러셀이 친분을
쌓은 유명 인사들에는 누가 있는지 알아볼까요?

영국의 철학자 존 스튜어트 밀

하나　　존 스튜어트 밀

러셀의 아버지 앰벌리 경은 영국의 유명한 철학자 존 스튜어트
밀의 제자이자 친구였습니다. 러셀의 아버지는 여성에게도
참정권을 주어야 한다는 밀의 의견에 동의해 함께 사회 운동에
참여하기도 했어요. 러셀 또한 밀의 영향을 많이 받았습니다.
존 스튜어트 밀은 스코틀랜드 출신의 철학자이자 역사학자인
제임스 밀의 장남으로 1806년에 영국 런던에서 태어났습니다.
그는 아버지 밑에서 매우 엄격한 교육을 받았고, 영국의
유명한 철학자인 제러미 벤담에게 가르침을 받았습니다. 이런
특별한 교육을 받은 밀은 어린 나이부터 그리스어에 능통했고,
여덟 살 때 라틴어와 기하학, 대수학을 배웠으며, 열두 살에
논리학을 공부했고, 열세 살에는 아담 스미스와 리카도의 정치
경제학을 공부했습니다.

밀은 1823년부터 1858년까지 36년 동안 동인도 회사에서
근무했는데, 이 기간 동안 그는 많은 연구를 했고 책을
펴냈습니다. 그는 질적 공리주의 사상을 발전시켜 자유주의와
사회 민주주의 정치사상의 발전에 크게 이바지했습니다.
또한 그는 여성 참정권 운동을 벌였던 해리엇 테일러와
결혼하였는데, 그녀는 밀의 사상에 큰 영향을 끼쳤습니다.

러셀은 많은
사회 활동을 펼치며
유명 인사와 친분을
맺었어요.

둘   존 메이너드 케인스

러셀은 케임브리지 대학교의 비밀 토론 모임인 '사도회'의
멤버로 활동하면서 케임브리지 대학교의 뛰어난 인재들과
친분을 쌓았습니다. 이때 친분을 쌓은 인물 중에는 장차
세계적인 경제학자가 될 존 메이너드 케인스도 있었습니다.
케인스는 1883년 영국 케임브리지에서 태어났습니다.
명문 이튼 고등학교를 졸업하고 케임브리지 대학교의 킹스
칼리지에서 경제학을 공부했습니다. 1905년 대학을 졸업한
뒤에는 공무원이 되어 1908년까지 인도청과 재무부에서
근무했고, 1909년에는 케임브리지 대학교에서 학생들을
가르치면서 회계관 역할을 했습니다. 그리고 1911년부터
1945년까지 영국의 대표적인 경제 잡지인 〈이코노믹 저널〉의
편집자로 일했고, 국제 통화 기금(IMF)과 국제 부흥 개발
은행(IBRD)의 총재를 맡는 등 여러 방면에서 활동했습니다.
그는 자신의 대표적인 저서인 《고용, 이자 및 화폐의 일반
이론》을 통해, 정부가 시장 경제에 개입해야 한다는 '수정
자본주의' 이론을 내세웠어요. 이 이론은 세계 여러 나라의
경제 정책에 큰 영향을 끼쳤습니다.

영국의 경제학자 존 메이너드 케인스

러셀과 케인스가 공부한 케임브리지 대학교

who? 지식사전

레닌을 만난 러셀

1917년 러시아에 10월 혁명이 일어났어요. 이 일을 계기로 러시아는 세계 최초의
공산주의 정부인 소련으로 탈바꿈했습니다. 1920년 러셀은 이 새로운 형태의
정부에 관심을 두고 러시아를 방문했지만, 러시아에 있는 동안 러셀은 공산주의
체제에 크게 실망하고 맙니다. 러셀은 당시 러시아에서 공산주의 혁명을 이끌었던
레닌과 한 시간 동안 대화를 나눌 기회가 있었어요. 그런데 둘의 만남 뒤에 러셀은
레닌이 지적으로 뛰어나지 못하다고 평가했고, 레닌이 따르는 마르크스주의가
편협하고 잔인한 면까지 있다고 생각했습니다.

소련의 혁명가이자 정치가 레닌

셋   화이트헤드

앨프리드 화이트헤드는 케임브리지 대학교에서 러셀의 같은
과 선배이자 강사로 러셀을 가르치기도 했습니다. 또한
러셀과 함께 《수학의 원리》를 쓰기도 했지요.
화이트헤드는 20세기 영국의 대표적인 철학자 중 한 명으로,
기호 논리학 연구로 잘 알려져 있습니다. 1861년 영국
램즈게이트에서 태어난 화이트헤드는 케임브리지 대학교에서
수학을 공부한 뒤, 그곳에서 1885년부터 1911년까지 학생들을
가르쳤어요. 1914년부터 1924년까지는 런던 대학교에서
수학을 강의하기도 했는데, 이 시기에 그는 과학 철학에 관한
책들을 여러 권 출간했습니다. 예순셋이 된 1924년에는 미국
하버드 대학교의 철학 교수로 초빙되어 미국으로 갔습니다.

영국의 철학자 화이트헤드

넷   비트겐슈타인

20세기에 가장 큰 영향을 미친 철학자로 꼽히는
비트겐슈타인은 1889년 오스트리아에서 부유한 철강업자의
막내 아들로 태어났습니다. 그는 러셀의 《수학의 원리》를
읽고 수리 철학에 관심을 두게 되었고 그 뒤 케임브리지
대학교로 가서 러셀과 케인스, 무어 등과 교류하게
됩니다. 하지만 비트겐슈타인은 케임브리지에서는 더
이상 배울 게 없다고 판단하고 1913년 케임브리지를
떠납니다. 1914년 제1차 세계 대전이 일어나자 그는
오스트리아군으로 참전했다가 이탈리아군의 전쟁 포로가
됩니다. 그는 전쟁 포로로 있는 동안 자신의 철학을 정리한
《논리 철학 논고》의 원고를 완성합니다. 그는 자신의 철학에
대한 확신이 흔들리자 다시 철학계로 돌아와 1939년에
케임브리지 대학교의 교수가 됩니다. 그는 케임브리지
대학교에 있으면서 일상 언어 분석으로 철학의 의의를

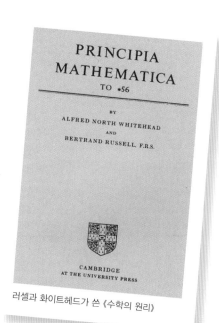

러셀과 화이트헤드가 쓴 《수학의 원리》

발견합니다. 그는 서양 철학에서 언어 분석 철학의 기초를 세운 인물로 평가받고 있습니다.

오스트리아 태생의 영국 철학자 비트겐슈타인

아인슈타인

1955년 러셀은 핵무기 없는 세상을 꿈꾸고, 나라 간의 분쟁을 평화적으로 해결해야 한다고 주장했어요. 러셀은 그의 생각을 전 세계에 호소하는 선언을 하기에 이르러요. 이 선언에는 아인슈타인을 비롯한 세계의 저명한 과학자들이 함께 참여했습니다. 핵무기에 반대하는 이 선언은 러셀이 아인슈타인과 함께 추진했기 때문에 '러셀-아인슈타인 선언'이라고 불려요.
천재 과학자로 불리는 아인슈타인은 1879년 3월 14일, 독일에서 태어났어요. 그는 청소년기에 수학과 물리학에 관심이 많아 취리히 대학교의 물리학과에 진학했습니다. 하지만 이내 대학에서 배우는 물리학 수업에 싫증을 느끼고, 혼자 물리학을 공부했어요. 1901년에는 잠깐 특허국에서 근무하기도 하는데, 이때에도 그는 물리학 연구를 멈추지 않았습니다.

독일 태생의 미국 이론 물리학자 아인슈타인

그러다 마침내 1905년, 그는 '특수 상대성 이론'이라는 세상을 뒤흔드는 놀라운 발견을 해냈습니다. 이 이론이 발표되자, 사람들은 '뉴턴의 이론을 뒤흔드는 대단한 발견'이라며 아인슈타인을 놀라운 시선으로 바라보았어요. 이후 아인슈타인은 세계적인 물리학자로 인정받게 됩니다. 1921년에는 물리학 발전에 이바지한 업적을 인정받아 노벨 물리학상을 받게 되었지요. 그런가 하면 그는 말년에 인종 차별에 반대하는 등, 자유와 평화를 위한 다양한 정치 활동에 참여하기도 했습니다.

6 러셀의
실험 학교

사회 운동을 하는 동안 엘리스와 이혼한 러셀은
한동안 홀로 생활했습니다. 그러던 중 도라 블랙이라는 여성과
재혼해 아들 존과 딸 캐서린을 낳았습니다.

아빠가
술래~

1927년, 존이 일곱 살이 되자
러셀은 고민에 빠졌습니다.

무슨 생각해요?

이제 존도 학교에 다녀야 할 텐데,
걱정이구려. 기존 학교 중에는
마음에 드는 학교가 없어요.

어떤 점이 마음에
안 차는데요?

기존 학교들은 대부분 권위와 전통, 종교라는 이름으로 아이들에게서 자유를 빼앗고 있소. 마음껏 뛰어놀아야 할 어린 시절을 점잔 빼며 걷는 법 따위나 배우게 하고 싶지는 않소.

그럼 가정 교사를 두고 집에서 공부시키는 건 어때요?

그렇게 하면 다른 아이들과 어울리며 사회성을 키울 수가 없지 않소.

그럼 역시 학교에 보내야 할까요?

흠……, 어쩐다?

우리가 직접 학교를 세우는 건 어때요?

그거 좋은 생각이군! 자연을 만끽할 수 있는 곳에 학교를 짓고, 수업 외 시간에는 자유롭게 뛰놀 수 있는 그런 학교를 만드는 거야!

러셀과 도라는 아름다운 숲이 근처에 있는
시골집을 빌려 비콘 힐 학교를 열었습니다.

러셀은 학교에서 아이들에게 역사를 가르쳤고,
도라는 프랑스어와 독일어를 가르쳤습니다.

집에 있을 땐
엄마가 옷 더러워진다고
숲 속엔
못 가게
했어요.

저도요. 근데
여기선 숲에
가서 친구들과
마음껏 놀 수
있어서 좋아요.

열심히 뛰어놀아야 공부도
더 잘할 수 있는 거란다.
공부도 열심히!
놀기도 열심히!

하하하! 열심히
노는 거라면 언제든
잘할 수 있어요!

어디 맛 좀 봐라!

아야, 아파!
그만 때려!

하지만 시간이 흐르자 곳곳에서
문제점이 드러났습니다.

너희, 지금 뭐 하는 거야?
친구끼리는 싸우면 안 돼!

싸운 거 아니에요.
저 녀석이 다짜고짜
저를 때렸다고요.

네, 맞아요. 저보다
덩치 큰 아이들도
저를 때리거든요.

그렇다고 친구를 때리면
어떡하니?

저도 그 애들처럼
저보다 덩치 작은
아이를 때리는 거예요.
그게 공평하잖아요.

뭐, 뭐라고?

비콘 힐 학교 학생들은 주중에는 기숙사에서 생활했습니다.

어라? 아이들이 어디 갔지?

아니, 이 방에도 아이들이 없잖아!

혼나면 좀 어때? 어차피 이 학교는 체벌도 안 하는데, 뭐.

이러고 놀다 선생님들께 혼나는 거 아니야?

학교 이념도 '자유롭게 생활하자'잖아. 이건 우리 자유 활동이라고!

학생들은 '자유'라는 핑계로 제멋대로 행동했고, 이 모습을 본 러셀은 큰 충격을 받았습니다.

무엇이 문제였지? 어디서부터 잘못된 거야?

자유로운 분위기에서 생활하게 하면 책임감과 독립성, 창의력이 생길 줄 알았는데……

선생님들께서 느낀 학교의 문제점에 대해 솔직하게 이야기해 주세요.

교무실

학생들이 주말에 집에만 갔다 오면 부모의 잘못된 태도를 배워 오죠.

우선 학생 수가 너무 많아요.

스스로 옳고 그름을 판단할 수 있는 능력이 생기기도 전에 학생들을 풀어 놓지 않았나 싶어요.

무엇보다 학생들이 자유에 대해 잘못 생각하고 있다는 게 가장 큰 문제죠.

현실을 반영하지 못한 내 이상적인 교육관이 큰 문제를 불러일으킨 거였군.

결국, 이 모든 게 내 잘못이었어.

집단생활을 하는 어린이들에게는 어느 정도의 통제가 필요해. 자기들끼리 즐기도록 내버려 두면 이내 실증을 내고 말지.

아이들에게 자유 시간을 줄 때는 반드시 어른이 함께하면서 방향을 제시해 주어야 해.

여보, 새벽바람이 차요. 어서 들어가 쉬세요.

학교의 문제점에 대해 며칠 동안 밤을 새우며 고민하던 러셀은 결국, 백일해라는 병을 앓게 되었습니다.

콜록콜록!

안 그래도 들어가려던 참이에요. 감기가 오려는지 몸이 으슬으슬하군요.

그러나 러셀은 몸이 아픈 것을 단순한 몸살 정도로 여겼고, 평상시와 다름없이 수업했습니다. 그로 인해 급성 전염병인 백일해를 아이들에게 옮기고 말았습니다.

잘못된 교육관으로 학생들을 망치더니, 이제 그것도 모자라 전교생에게 전염병을 옮기고 말았어. 학교와 학생들을 위해서 내가 떠나는 게 좋겠어.

비콘 힐 학교를 부인 도라에게 맡기고 미국으로 건너간 러셀은 공개 강연과 대학 강의를 하며 지냈습니다.

1939년에는 여름 방학을 맞은 존과 캐서린이 러셀을 보러 미국에 왔습니다.

오랜만이구나, 얘들아. 정말 보고 싶었단다.

그리고 며칠 뒤인 1939년 9월 1일. 제2차 세계 대전이 일어났습니다.

또다시 전쟁이 터지고 말았군. 사람들은 참혹한 전쟁의 기억을 이다지도 빨리 잊는단 말인가!

애들아, 전쟁으로 뱃길이 막혀 영국으로 돌아갈 수 없게 되었구나.

그래서 말인데, 미국에서 대학교에 다니면 어떻겠니?

네, 내일부터 학교를 알아볼게요.

며칠 뒤

큰일이군. 아이들 대학 등록금을 내고 나니, 생활비가 다 떨어졌어. 전쟁 중이라 영국에서 돈을 가져올 수도, 영국으로 돌아갈 수도 없는데, 어쩌지?

생활고에 시달리던 러셀에게 때마침 좋은 제안이 들어왔습니다.
반스 미술관으로부터 철학사에 대해 강의 요청이 들어온 것입니다.

강의를 듣는 사람들의 수준에 맞춰
쉽고 재미있는 철학사 강의를 해야지.
앞으로 준비할 게 많겠어.

철학이란, 과거의 죽은
지식이라거나 나와는 동떨어진
이론이라고 생각하는 사람이
많습니다.

철학은 나와 내가 사는 세계를
설명하고, 이를 공유해 공동체를
통합하는 아주 중요한 학문입니다.

그동안 우리의 역사 교육이라는 것이
왕조와 정치 위주로 흘렀습니다.

하지만 역사를 통해 그 시대를
아우르는 사회, 철학, 과학, 문화사를
알아야 미래를 배울 수 있습니다.

러셀은 반스 미술관에서 강의하는 2년여 동안 온 힘을 다했고,
1943년부터는 이 강의록을 토대로 책을 쓰기 시작했습니다.

나만의 독특한 시선으로
바라본 철학사가 많은
사람에게 읽혔으면 좋겠군.

좋은 원고를 주셔서
감사합니다.

아무쪼록 좋은 책
만들어 주세요.

《서양 철학사》는 출간과 동시에 베스트셀러가 되었고,
그동안 나온 러셀의 책 중 가장 큰 성공을 거두었습니다.
또한, 금전적으로 어려운 시기를 겪고 있던 러셀에게
경제적 풍요를 안겨 주기도 했습니다.

철학자가 쓴 책인데, 짜임새 있고 유익해.
지루한 철학사가 쉽고 재미있게
정리되어 있던걸?

요즘 이 책이
그렇게 잘나간다며?

서양 철학사에 뚜렷한 발자취를 남긴 철학자의 주요 사상을 사회, 정치적 배경과 연결해 러셀 자신만의 독특한 관점에서 쓴 《서양 철학사》는 대중의 인기를 얻었습니다. 하지만 몇몇 비평가에게 이 책은 비난의 대상이 되기도 했습니다.

러셀 선생님, 다루고 싶은 역사적 사건만 편파적으로 다루었다는 《서양 철학사》를 향한 비난을 어떻게 생각하시나요?

책이란, 그 나름의 관점 아래 정리돼야 한다고 생각합니다. 편견을 갖지 않고서는 재미있는 역사서를 쓸 수 없지요.

책을 쓴다는 것 자체가 나 자신의 생각과 관점을 갖고 있다는 것인데, 이를 무조건 나쁘다고 할 수는 없지요.

편견이 아니라 작가의 관점이라는 말이지요?

네, 그렇습니다.

그런데 왜 책 제목이 《세계 철학사》가 아닌, 《서양 철학사》 인가요?

간단합니다. 이 책에는 동양의 철학사가 아닌, 서양의 철학사를 실었기 때문입니다. 서양의 철학사를 두고 '세계 철학사'라고 한다면 그건 동양을 무시하는 거예요. 서양이 이 세계의 전부라는 생각은 버려야 해요.

러셀은 하버드, 프린스턴 대학 등 미국의
여러 명문 대학교에서 강의했고, 틈틈이
글을 써 여러 권의 책을 출간하기도 했습니다.

의미와 진리와
탐구

전쟁 중이라
뱃길이 위험하긴 하지만,
드디어 영국에 갈 수 있다고
생각하니 행복하다.

얼마 만에 오는 내 나라인가!
내 나라의 발전을 위해 온 힘을
모아 내 의무를 다하리라.

러셀이 영국으로 돌아온 지 1년이 조금 지난
1945년 8월 6일, 미국이 개발한 원자 폭탄이
일본의 도시 히로시마에 떨어졌습니다.

긴급 속보를
알려드립니다.

긴급
속보라고?

오늘 미군 폭격기가 떨어뜨린
원자 폭탄으로 일본 히로시마가
한순간에 불바다가 되었습니다.

그로부터 사흘 뒤인 8월 9일, 일본의 나가사키에 또 하나의 원자 폭탄이 떨어졌습니다. 결국 일본은 연합군에 패배를 선언했고, 제2차 세계 대전은 끝이 났습니다.

여기 약품 좀 가져다주세요!

세계를 제패하겠다며 기세 좋던 일본이 원자 폭탄 두 대에 항복하고 말았구나.

원자 폭탄의 위력이 이다지도 위협적이란 말인가!

이번 일을 계기로 세계 여러 나라에서 핵폭탄을 만들려고 달려들 테지. 만약 핵전쟁이 일어난다면 인류의 문명은 끝장날 게 분명해.

내가 이렇게 가만히 있어서는 안 돼!

몇 달 뒤, 영국 상원 의회

얼마 지나지 않아 히로시마와 나가사키에 투하된 원자 폭탄보다 훨씬 위력적인 핵폭탄이 제조될 것입니다.

이 핵이라는 괴물을 가지고 있는 것만으로도 핵전쟁이 일어날 가능성이 열려 있는 것입니다.

강대국 간의 협정을 통해 핵무기 제조 및 개발을 막아야 합니다.

옳소!

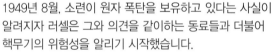

1949년 8월, 소련이 원자 폭탄을 보유하고 있다는 사실이 알려지자 러셀은 그와 의견을 같이하는 동료들과 더불어 핵무기의 위험성을 알리기 시작했습니다.

이제 언제든지 미국과 소련이 핵전쟁을 벌일 수 있습니다.

핵전쟁이 일어나면 우리의 문명은 사라질 게 뻔합니다.

핵무기 통제 방안을 만들지 못한다면 무시무시한 전쟁을 막을 수 없게 돼요.

러셀 선생님, 준비하십시오.

러셀 선생님, 긴장하지 마시고 평소 강의하시던 대로 편하게 말씀하시면 됩니다.

자, 말씀하세요!

우리가 어떤 선택을 하느냐에 따라 행복과 불행이 결정될 것입니다.

반대로 우리가 벌이는 다툼을 잊지 못한다면, 죽음의 길을 택할 수도 있습니다.

ON AIR

러셀은 영국의 공영 방송인 BBC 라디오 방송에 출연해 자신의 주장을 더 많은 사람에게 전했습니다.

여러분, 인간에 대한 사랑을 기억하십시오. 핵 문제에 관한 여러분의 관심이 인류를 낙원으로 이끌 수 있습니다.

다 맞는 이야기야.

그래, 우리 지구를 대대손손 물려주려면 핵전쟁이 일어나선 절대 안 돼.

러셀의 실험 학교 **149**

러셀과 사회 운동

러셀은 여성 참정권 운동을 위해 하원 선거에 출마하면서
사회 운동을 시작했습니다. 제1차 세계 대전이 일어났을
때는 징집 반대 운동에 적극적으로 참여했고, 제2차 세계
대전 뒤에 강대국들이 핵무기 개발 경쟁을 벌일 때는
핵무기 반대 운동에 나섰습니다. 러셀은 이렇게 다양한
사회 운동에 참여했습니다. 이제부터 러셀과 관련된 사회
운동을 자세히 살펴보기로 합시다.

1912년 5월 6일, 미국에서 열린 여성 참정권 대회

하나 영국의 여성 참정권 운동

영국에서 여성 참정권 운동이 시작된 것은 1865년
런던에 '여성 참정권 위원회'가 생기면서부터입니다.
여성 참정권에 관심이 많았던 존 스튜어트 밀은 하원 의원이
된 뒤 1867년에 여성 참정권을 보장하는 선거법 개정안을
하원 의회에 제출했습니다. 하지만 이 개정안은 통과되지
못했고 이를 계기로 영국 각지에서 여성 참정권 위원회가
결성되었습니다. 그 뒤 밀은 매년 여성 참정권을 요구하는
법안을 하원에 제출했지만, 여성이 투표권을 갖게 되면 정당
정치에 큰 영향을 준다며 번번이 통과되지 못했습니다.
1903년에는 여성 노동자들까지 포함한 여성 사회 정치
동맹이 결성되었는데, 이 단체는 과격한 운동을 펼쳤습니다.
이렇게 여성 참정권 운동이 계속되자 결국 영국 의회는
1918년에 법안을 통과시켜 서른 살 이상의 여성에게 선거권과
피선거권을 인정했습니다. 그리고 1928년에 이르러서야 모든
성인 여성에게 남성과 똑같은 참정권을 주게 됩니다. 참고로,
미국은 1920년에 여성 참정권이 연방법으로 인정받았고,
프랑스는 1944년에 되어서야 여성 참정권이 보장되었습니다.

러셀은
다양한 사회 운동에
참여했어요.

러셀은 제1차 세계 대전이 일어나자 징집 반대 운동에
적극적으로 참여했습니다. 이 징집 반대 운동은 오늘날
양심적 병역 거부와 그 맥을 같이하고 있습니다. 양심적
병역 거부 운동은 군인으로서 남을 죽이기 위해 총을
드는 행동은 자신의 양심에 반하는 행동이라고 확신하여
거부하는 행동입니다.

오늘날 미국, 영국, 프랑스, 독일 등의 나라에서는
법률로서 양심적 병역 거부 권리를 인정하고 있습니다.
또한 이탈리아, 스위스, 오스트리아, 러시아, 에스파냐
등의 나라에서는 법률로서 인정하지 않지만 어느 정도
받아들이고 있습니다. 하지만 양심적 병역 거부를
인정하는 모든 국가에서 병역을 거부한 사람에게 다른
의무를 부과하고 있습니다. 또한 양심적 병역 거부권은
각국의 특수한 여건이나 상황에 따라 그 내용이 변할
수도 있습니다. 북한과 대치하고 있는 우리나라에서는 양심적
병역 거부는 처벌을 받아야 한다는 대법원 판례가 있었습니다.

〈평화를 이루는 사람은 행복하다〉 조지 벨로스의 그림
(1917년)

who? 지식사전

자신의 사망 기사를 읽은 러셀

1921년, 러셀은 중국의 베이징 대학으로부터 1년간 방문 교수직을 제의받아 부인과 함께 중국을 방문한 적이 있습니다.
그러던 어느 날, 폐렴에 걸려 생명이 위독한 지경에까지 이르게 된 러셀을 부인 도라가 정성껏 간호했어요. 이때 일본인
기자가 러셀을 간호하기도 바쁜 도라에게 끊임없이 인터뷰를 요청했습니다. 견디다 못한 그녀는 그 기자에게 퉁명스럽게
대했지요. 그러자 그 일본인 기자는 신문에 러셀이 죽었다고 보도해 버렸고, 이 소식은 미국을 통해 영국에까지 전해졌습니다.
이로 인해 러셀은 자신의 사망 기사가 실린 신문을 읽게 되었습니다.
병에서 회복된 러셀은 중국을 떠나 일본에 잠시 들르게 되었는데, 항구에 도착해 보니, 취재 기자 30여 명이 러셀을
인터뷰하기 위해 기다리고 있었습니다. 그러자 러셀은 부인을 통해 기자들에게 다음과 같이 적힌 쪽지를 주고 그 자리를
재빨리 빠져나왔다고 합니다. "나는 죽은 사람이니, 인터뷰할 수 없습니다."

셋 　퍼그워시 회의

1955년에 있었던 러셀-아인슈타인 선언이 계기가 되어
1957년 7월, 캐나다의 퍼그워시에서 과학자들이 모여 과학과
세계 문제에 대한 회의를 했습니다. 이 회의에는 미국, 영국,
프랑스, 소련 등 10개국의 과학자 22명이 참가했는데, 그들은
방사능의 과학적 분석을 바탕으로 핵 실험을 중지할 것을
강대국에 요구했습니다. 그 뒤 이 회의는 매년 한두
차례씩 세계 각국을 순회하며 열렸고 제1회 개최지의
이름을 따서 '퍼그워시 회의'라는 이름이 붙었습니다.
퍼그워시 회의에서는 세계 각국이 군사 경쟁을 줄이고
무기를 줄이는 방법을 찾고 있으며, 환경 파괴와 인구
증가와 같은 인류를 위협하는 문제에 대해서도 해결
방안을 찾고 있습니다.
퍼그워시 회의는 다양한 반핵 활동의 공로를 인정받아
1995년 노벨 평화상을 받았습니다.

프랑스에서 있었던 핵 실험 반대 운동

넷 　반핵 운동

러셀이 참여했던 핵무기 반대 운동은 오늘날 반핵 운동으로
발전했습니다. 과거의 핵무기 사용 반대에서 더 나아가
방사능으로 환경을 오염시키는 원자력 발전소를 반대하는
것까지 범위가 넓어졌어요. 이 운동에서는 원자력 발전소
건설에 반대할 뿐만 아니라, 원자력 발전소를 가동하기 위한
우라늄 농축과 재처리, 핵폐기물 처리 등에 필요한 각종
시설의 건설과 가동도 반대하고 있습니다.
이러한 반핵 운동으로 방사능의 위험성이 날로 주목받으면서
유럽에서는 원자력 발전의 의존도를 낮추기 위해 노력하고
있습니다. 오스트리아는 가동하기 직전의 원자력 발전소를
폐쇄하였고, 스웨덴과 이탈리아에서는 국민 투표로 원자력

노년의 버트런드 러셀

발전소의 건설을 중단하기도 했습니다. 특히 2011년 일본의 후쿠시마 원자력 발전소 방사능 누출 사고로 이러한 반핵 운동은 더욱 힘을 얻고 있습니다.

핵 실험과 원자력 발전을 반대하는 국제단체로는 그린피스가 있으며 우리나라에서는 환경 운동 연합 등이 반핵 운동을 펼치고 있습니다.

시민 불복종 운동의 대표 인물 간디

다섯　시민 불복종 운동

러셀은 핵무기 반대를 위해 1960년부터 시민 불복종 운동을 시작했습니다. 이 시민 불복종 운동은 어떤 운동일까요? 시민 불복종 운동은 국가의 법이나 정부의 명령이 부당하다고 판단했을 때 이를 공개적으로 거부하는 운동입니다.

1920년대 인도가 영국의 식민지로 있을 때 영국의 제국주의 정부에 저항하는 인도 국민의회의 비폭력 저항 운동과 남아프리카 공화국의 인종 차별 반대 투쟁 등이 대표적인 예입니다.

시민 불복종 운동의 대표 인물 헨리 데이비드 소로

who? 지식사전

국제 환경 보호 단체, 그린피스

그린피스는 지구의 환경을 보존하고 세계 평화를 증진시키는 활동을 벌이는 대표적인 국제 비정부 기구(NGO)입니다. 1971년 캐나다 밴쿠버에서 창설됐으며 본부는 네덜란드 암스테르담에 있습니다. 그린피스의 모태는 '해일을 일으키지 마라 위원회(Don't Make a Wave Committe)'로, 1970년 결성된 '반핵(反核)' 단체입니다. 당시 핵 실험 반대 시위를 하기 위해 미국 알래스카주 암치카섬으로 항해를 떠날 때 탄 소형 어선에 '그린피스'라고 쓰인 돛을 달았는데 이 말이 유명해지며 단체명이 됐습니다.

시위 중인 그린피스

7

반핵 운동에 앞장선 러셀

올해 노벨 문학상을 받은 버트런드 러셀의 수락 연설이 있겠습니다.

도시마다 부서지기 쉬운 작은 카누를 탈 수 있는 인공 폭포가 있었으면 좋겠습니다.

그 인공 폭포에는 인조 상어들이 득실대는 수영장을 만들면 좋을 것 같습니다.

선생님, 오늘도 편지가 이만큼이나 왔어요.

모두 내 핵전쟁 반대 운동을 지지한다는 사람들이 보내온 거군.

노벨 문학상을 받은 뒤 러셀은 더욱 유명해졌고, 그의 주장을 지지해 주는 사람들이 늘어났습니다.

이제 새로운 활동을 시작할 때가 됐어.

감당하지 못할 정도로 강연과 글 청탁이 들어오고 있어요.

어떤 활동이요?

핵전쟁을 막고 평화를 위한 국가 간 협력의 필요성을 사람들에게 알려야 해.

국가 간의 공동 활동을 촉구하는 공식 선언문을 만들어서 민주주의와 공산주의 양 진영에서 존경받는 과학자들에게 서명받는 거야.

제일 먼저 아인슈타인에게 편지를 써야 해. 그분이라면, 우리 일을 적극적으로 도와줄 거야.

러셀은 아인슈타인, 닐스 보어 등 당시 최고의 과학자들에게 선언문을 보냈습니다. 특히 아인슈타인은 세계 과학계를 이끄는 상징적인 인물이었습니다.

아인슈타인 박사에게서 답장이 왔습니까?

아니요, 아직 안 왔습니다.

몇 주 뒤

아인슈타인은 과학자 중에서도 가장 핵심 인물인데…….

아인슈타인 박사 한 명 정도의 서명은 없어도 되지 않을까요?

아인슈타인의 서명이 없으면 다른 과학자들의 서명이 아무리 많다고 한들, 우리 계획에 차질이 생길 수 있다네.

아인슈타인에게서 꼭 답장이 와야 할 텐데…….

너무 걱정하지 마시고, 착륙하기 전까지 눈 좀 붙이세요.

하얀 구름이 마치
솜사탕 같군.

쿠우우우우

안 돼!

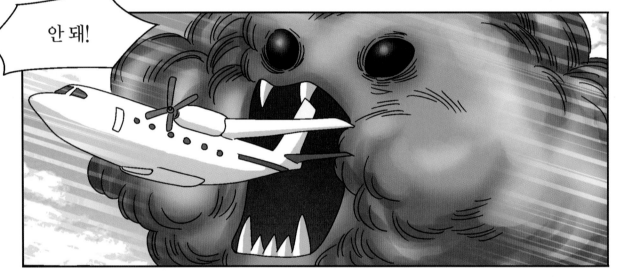

선생님,
일어나
보세요.

휴, 다행이야.
꿈이었군.

큰일 났어요.
방금 기내 방송 뉴스에서
나왔는데, 아인슈타인이
오늘 사망했대요.

이,
이럴 수가!

아, 러셀 선생님이시군요. 선생님 앞으로 편지가 한 통 도착해 있습니다.

편지요?

누굴까?

파리에 있는 선생님의 지지자가 보낸 거 아닐까요?

맙소사! 이 편지는 아인슈타인에게서 온 거잖아. 편지를 보낼 때 혹시 몰라서 내 일정을 같이 보냈었는데……

내가 보낸 선언문에 서명을 한 것이 아인슈타인의 마지막 공식 활동이 될 줄이야……

이 감동적인 사연을 꼭 기자들에게 이야기해야겠어요.

1955년 7월 9일, 런던의 캑스턴 홀. 핵무기 없는 세상과 분쟁의 평화적 해결을 호소하는 이 선언은 '러셀–아인슈타인 선언'으로 불리게 되었습니다.

수많은 폭탄이 사용될 경우, 모든 인류가 죽음에 처할 것입니다.

인간을 사랑하는 마음을 잊지 마십시오.

이 선언문에 서명한 과학자는 아인슈타인, 라이너스 폴링, 닐스 보어 등 세계적으로 명망 높은 과학자들입니다.

'러셀–아인슈타인 선언'은 각국 언론들이 머리기사로 다루었고, 이를 통해 전 세계 많은 사람이 핵무기의 위험성과 평화를 위한 길을 다시 한번 생각하게 되었습니다.

유명한 과학자들이 뜻을 모았군.

맞아. 핵무기는 세상에서 없어져야 해.

핵전쟁이 일어나면 인류는 멸망하고 말 거야.

'러셀-아인슈타인 선언'이 계기가 되어 세계 각국의 유명한 과학자들이 캐나다 퍼그위시에 모여 회의를 열었습니다. 이 회의에서 핵전쟁의 위험에서 인류를 지키기 위한 과학자들의 국제기구인 '퍼그워시 회의'가 탄생했습니다.

세계 각국은 핵 실험을 당장 중지해야 합니다.

핵무기 개발도 당장 중지해야 합니다.

과학자는 아니었지만, 러셀 역시 퍼그워시 회의에서 중요한 역할을 했습니다.

맞습니다.

그렇게 합시다.

핵무기 통제를 다루는 위원회가 설치되어야 합니다.

러셀 씨, 퍼그위시 회의의 성과를 말해 주십시오.

많은 나라로부터 평화 시에는 지상에서 핵 실험을 금지하기로 약속을 받았습니다.

이제 이 회의는 확고한 틀을 다졌고, 과학계와 국제 문제 사이의 관계를 크게 발전시키는 역할을 해낼 것입니다.

반핵 운동을 하며 이곳저곳 뛰어나녔지만, 러셀은 아직 부족함을 느꼈습니다.

아직 많이 부족해.

그래, 미국과 소련 지도자에게 공개편지를 보내는 거야!

준비됐습니다, 말씀하세요.

가장 힘 있는 지도자님들께.

탁

탁 탁

국가 간의 협력이야말로 전쟁을 방지하는 유일한 방법입니다.

러셀의 공개편지를 보고 답장이 올까?

에이~ 미국과 소련 대통령이 설마 답장까지 보내겠어?

아니야, 난 답장이 올 거라고 믿어.

며칠 뒤

선생님, 답장이 왔어요!

어서 주게.

소련의 흐루쇼프 서기장과 미국의 덜레스 국무장관에게서 온 편지예요.

미국이나 소련이나 정신 차리려면 아직 멀었군.

선생님, 뭐라고 쓰여 있어요?

평화를 위해 갈 길이 멀군. 이제 본격적으로 운동을 벌여야겠어.

1957년, 러셀은 미국과 소련 지도자에게 반핵과 반전을 호소하는 공개편지를 보냈지만, 돌아온 건 차가운 거절뿐이었습니다.

1958년, 웨스트민스터 센트럴홀

핵무기 감축 운동

드디어 오늘, 핵무기 감축 운동을 공식 출범하게 되었습니다.

옳소!

이 운동을 통해 더 많은 사람이 핵의 위험성을 알 수 있도록 하겠습니다!

핵무기는 우리의 적!

핵전쟁 인류 멸망

핵전쟁 반대

러셀이 주도한 핵무기 감축 운동에는 해를 거듭할수록 많은 사람이 동참했습니다.

CAN CAN

CAMPAIGN NUCLEAR

CND FOR DISARMAMENT

앗! 저기,
러셀 선생님이다!

여러분과 함께 행진할 수
있을 만큼 젊지 못하다는 게
너무 아쉽습니다.

선생님 몫까지
저희가 열심히
투쟁하겠습니다.

행진만으로는
한계가 있어. 더 나은
방법을 찾아야 해.

1960년 7월의 어느 날

안녕하세요. 핵무기 감축 운동
모임에서 활동하는 랠프 쇤먼
입니다.

반가워요.
쇤먼 씨.

저는 지금의 행진만으로는 한계가 있다고 생각합니다.

음……, 그건 나도 같은 생각입니다.

그래서 새로운 운동 방향을 제시하기 위해 선생님을 찾아온 것입니다.

좋은 생각이라도 있습니까?

시민 불복종 운동을 해야 합니다.

시민이 직접 핵 정책에 대해 정부에 강요할 수 있을 만큼 강력하게 맞서는 거죠.

우선 시위가 금지된 핵 정책과 관련된 정부 기관 앞에서 시위하는 겁니다.

그것 참 좋은 생각이군요!

숀먼 씨의 제안에 대해 여러 사람과 함께 심사숙고해 보겠습니다.

한 달 뒤

시민 불복종 운동을 선동한 혐의로
버트런드 러셀과 위원회 전원에게
2개월의 *구금형을 선고합니다.

뭐야, 여든여덟 살의
노인에게 구금이라니,
너무한 거 아니야!

심하다,
심해!

세상을 이롭게 하려는
사람에게 너무하잖아!

러셀과 위원회 사람들은 2개월간의
구금형을 선고받았지만, 위축되지
않았고 결코 뜻을 굽히지 않았습니다.

핵무기를 반대한다!
핵무기 개발을 방관하는
영국 정부는 반성하라!

*구금: 구치소나 교도소에 가두는 형벌

필요한 경비를
내 개인 돈으로
충당하는 것에도
한계가 있고
말이야.

선생님, 조직을 만들어서
일을 하는 건 어떨까요?

재단을 설립하는
거예요.

재단이라고?

네, 재단을 설립해서
뜻이 맞는 사람들의
힘을 모으는 거예요.

그래, 그거
좋은 생각이군!
추진해 보세.

1963년, '버트런드 러셀 평화 재단'이
설립되었습니다. 그 뒤, 재단에는
개인과 단체, 각국의 정부로부터
많은 기부금이 들어왔습니다.

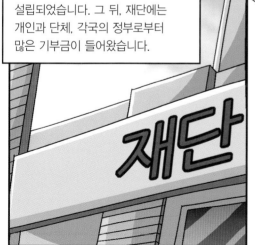

재단

선생님, 또 기부금이
도착했습니다.

이 돈이면, 박해받는 사람들을
더 많이 도와줄 수 있겠어!

두 차례에 걸쳐 베트남에서 전쟁이 일어나자,
러셀은 전쟁터에서 일어나는 전쟁 범죄에 주목했습니다.

애국자들은 항상 조국을
위해 죽는 것을 떠벌리지만,
조국을 위해 죽이는 것은
말하지 않는다.

전쟁은 누가 옳은지를
가리는 게 아니라,
단지 누가 남느냐를
가릴 뿐이지.

전쟁 때문에 많은
베트남 국민이 핍박을
받고 있습니다.

베트남에서
벌어지는 전쟁 범죄를
조사해야 합니다.

조사 결과가
나오는 대로
국제 사회에
끔찍한 참상을
알려야 합니다.

베트남 국민이 최소한의
기본권을 존중받을 때까지
우리 노력해 봅시다.

네,
알겠습니다.

이 세상에 전쟁으로 고통받는 사람들이 없어야 할 텐데……. 콜록콜록!

선생님, 어디 편찮으세요?

아무래도 기관지염이 악화된 것 같아. 콜록콜록.

이제 내가 갈 날이 멀지 않은 것 같아.

선생님, 그런 말씀하지 마세요.

아니, 올해 내 나이 아흔여덟일세. 자동차가 발명되기 전에 태어났는데, 지금은 사람들이 달나라에도 가고 있으니……. 내가 오래 살긴 했지.

내가 세상을 떠나고 없더라도, 이거 하나만은 꼭 명심해 주세요.

우리에겐 군사도 자금도 없습니다 하지만 우리는 전 세계의 평범한 사람들의 양심에서 나오는 진정한 지원을 받고 있습니다

우리는 어떤 국가 권력에도 굴복하지 않고, 세계의 정의를 세우는 데 이바지하여 평화로운 세상을 만드는 데 모든 노력을 다해야 합니다.

네, 명심하겠습니다.

1970년 2월, 수학자에서 철학자로, 그리고 평화주의자와 반핵 운동가로 파란만장한 삶을 이어 온 러셀은 아흔여덟 살의 나이로 세상을 떠났습니다.

귀족 가문에서 태어나 이른 나이에 부모를 여의고 엄격한 할머니 밑에서 외롭게 자란 러셀. 그는 논리학과 수학, 철학 분야에서 위대한 업적을 쌓았습니다. 또한, 누구보다 평화와 자유를 사랑했던 그는 자신의 생각을 일반 대중에게 알리기 위해 많은 책을 썼고, 인류를 파멸의 길로 몰고 갈 핵무기에 반대하며 반핵 운동에 앞장섰습니다. 냉철한 머리와 누구보다 따뜻했던 가슴을 지닌 버트런드 러셀은 20세기의 위대한 지성이자 위대한 휴머니스트입니다.

단순하지만 누를 길 없이 강렬한 세 가지 열정이 내 인생을 지배해 왔다. 사랑에 대한 갈망, 지식에 대한 탐구욕, 인류의 고통에 대한 참기 힘든 연민이 바로 그것이다. 이러한 열정들이 나를 이리저리 제멋대로 몰고 다니며 깊은 고뇌의 대양 위로, 절망의 벼랑 끝으로 떠돌게 했다.

who?와 함께라면 미래가 보인다

어린이
진로 탐색

철학자

어린이 친구들 안녕?
버트런드 러셀 이야기 재미있게 읽었나요?

그렇다면 이제부터
버트런드 러셀이 꿈을 키워 가는 과정을 함께 되짚어 보며
그가 활동한 분야와 그 분야에 속한 다양한 직업에 대해
살펴봐요!

또한 여러분에게는 어떤 장점과 적성, 가능성이
숨어 있는지 찾아보면서
그것을 어떻게 진로와 연결시킬 수 있는지에 대해서도
알아봅시다!

그럼 지금부터
여러분이 멋진 꿈을 향해 나아갈 수 있도록 도와줄
진로 탐색을 시작해 볼까요?

> 자기 이해부터
> 진로 체험까지,
> 다양한 진로 탐색
> 활동을 시작해 봐요!

'왜?'인지 질문하기

러셀은 남들이 당연하게 생각하고 넘어가는 것도 왜 그러한지 질문하고 고민했어요.
기하학을 풀기 위해서는 증명하지 않고도 인정해야 하는 '공리'라는 것이 있는데,
이에 대해 그냥 넘어가지 않고 공리를 증명할 수 있는 방법을 궁금해했지요.
여러분도 당연하다고 생각해서 왜 그런지 생각해 보지 않은 것들이 많을 거예요.
어떤 것들이 있는지 한번 생각해 보고 왜 그런지 적어 보세요.

＊ **왜 우측통행을 해야 하는가?**

대부분의 사람이 안전하게 걸을 수 있도록 하기 위해서입니다. 많은 사람이
오른손잡이이기 때문에 오른손에 짐을 들고 다닙니다. 그래서 좌측통행을 하면
짐끼리 부딪칠 수 있어요.
또한 회전문이 대부분 우측통행을 전제로 설계되어 있기 때문에 혼자 좌측통행을
하면 보행자끼리 부딪칠 수 있습니다. 그리고 도로 옆 인도에서 우측통행을 하면
차량을 마주보고 걷기 때문에 교통사고를 줄일 수 있지요.

＊ **왜**

지칠 때 힘이 되어 주는 것

러셀은 부모님을 일찍 여의고 외로운 어린 시절을 보냈어요. 그런 러셀에게 자연과 책은 좋은 친구가 되어 주었지요. 훗날 러셀이 노벨 문학상을 수상하게 된 데에는 어린 시절 자연을 통해 감수성을 익히고, 책을 통해 문학적인 지식과 글솜씨를 다질 수 있었던 것이 큰 역할을 했답니다.

여러분이 힘들고 지칠 때는 언제인지 떠올려 보고, 그때 힘과 위로가 된 것은 무엇인지 생각하여 적어 보세요.

＊ **힘들고 지칠 때는 언제인가요?**

＊ **여러분이 힘들고 지칠 때 힘과 위로가 된 것은 무엇인가요?**

철학에서 공부하는 내용

러셀은 학문의 근원은 철학이라고 생각했어요. 철학은 자신과 세상에 대해서 궁금한 것을 묻고 탐구하여 답을 찾는 학문이기 때문입니다.

대학교의 철학 수업에서는 구체적으로 무엇을 공부할까요? 각 철학 수업에서 배우는 주요 내용에 알맞은 철학의 과목을 찾아 적어 보세요.

 보 기

논리학, 윤리학, 철학사, 인식론

철학 과목	수업에서 배우는 내용
(1)	'세상이 어떻게 만들어졌을까?', '신은 정말 있는 걸까?' 등과 같이 존재에 대한 본질적인 질문에 대해 다른 철학자들은 어떻게 생각했는지에 대해 배웁니다.
(2)	'사람들은 존재나 지식을 어떻게 인식하고 받아들이는 걸까?', '사람들은 각자 다른 환경에서 다른 경험을 하니 경험을 통해 받아들이는 지식이 다르지 않을까?' 등에 대해 생각합니다.
(3)	문제를 풀 때 적절한 풀이 과정이 필요한 것처럼 철학에 있어서도 논리적인 사고의 과정이 필요합니다. 철학자들이 어떠한 과정을 통해 행복이나 인간, 세상에 대해 정의를 내리는지에 대해 배웁니다.
(4)	살아가다 보면 무엇이 옳고 그른지 판단할 수 있는 기준이 분명하지 않을 때가 많습니다. 따라서 인간이 반드시 지켜야 할 도덕은 무엇인지, 선과 악은 무엇을 기준으로 나눌 수 있는지 등에 대해 생각해 봅니다.

정답: (1) 철학사 (2) 인식론 (3) 논리학 (4) 윤리학

철학자처럼 토론하기

러셀은 케임브리지 대학교의 비밀 토론 모임인 사도회의 회원이었어요. 토론이란 어떤 문제에 대해 각자의 의견을 나누는 것으로, 다양한 사람들의 생각을 듣고 배울 수도 있고, 토론을 하면서 자신들의 논리를 더 발전시킬 수도 있답니다. 그래서 토론은 러셀이 활동하던 당시 지식인들이 지식을 공유하는 데 효과적인 방법이었어요. 그럼 철학자인 러셀과 가상 토론을 통해 여러분의 생각을 발전시켜 볼까요?

✳ 학생의 자율성 강화에 대해서 토론해요!

러셀 　대부분의 학교는 권위와 전통을 지키기 위해 아이들에게 자유를 빼앗고 공부를 억지로 시킵니다. 자연을 만끽하면서 자연으로부터 배우고, 자유 의지를 가지고 공부를 할 수 있도록 해야 합니다.

나 　자유에 대해서 제대로 이해하지 못하는 어린아이들에게 자유를 주면 자신이 하고 싶은 대로 하는 거라고 생각할 거예요. 그러면 공부에 관심을 갖지 못하는 아이는 아예 공부를 하지 않을 수도 있고요. 친구와의 관계나 공동생활에서 무엇을 하고, 하지 말아야 하는지에 대해서 배울 기회를 얻지 못할 수도 있어요.

✳ 양심적 병역 거부에 대해서 토론해요!

러셀 　자신의 양심이나 종교적 신념에 따라 적을 죽이기 위한 훈련을 받을 수 없다고 생각하는 사람이 양심에 따른 병역 거부자입니다. 모든 사람은 제 생각과 양심에 따라 결정하고 그 결정을 표현하고 실천할 자유가 있습니다. 그래서 양심적 병역 거부자를 감옥에 가두는 것은 자유를 억압하는 것입니다. 우리는 그들의 양심을 존중해야 합니다.

나

철학자의 사회적 역할

러셀은 철학이 나와 동떨어진 이론이 아니라고 생각했어요. 철학이 사회의 여러
가지 문제를 올바르게 해결할 수 있도록 도울 수 있다고 생각했지요. 이러한 생각을
바탕으로 러셀은 여러 가지 사회 운동에 나섰습니다. 여성이 투표를 할 수 있도록
참정권을 보장하는 운동을 비롯해 전쟁에 나갈 사람을 모으는 징집에 반대하기도 했고,
핵무기 개발에 반대하는 운동에도 적극 참여했습니다. 여러분이 철학자라면 어떻게
사회에 도움을 주고 싶은지 생각해 보세요.

✳ **철학자로서 사회에 어떤 도움을 주고 싶은가요?**

✳ **왜 그렇게 생각했나요?**

✳ **내가 되고 싶은 철학자의 모습을 위해서 어떤 준비를 해야 할까요?**

나만의 철학

러셀은 행복에 대해서도 스스로 질문하고 답을 찾아갔어요. 러셀은 《행복의 정복》
이라는 책에서 어두운 인생관, 경쟁, 피로, 질투가 사람을 불행하게 만들고,
행복해지기 위해서는 열의, 사랑, 가족, 일이 필요하다고 했지요.
여러분은 행복과 불행이 어떠한 것이라고 생각하는지 자신만의 철학을 만들어 적어
보세요.

사람을 불행하게 만드는 것	사람을 행복하게 만드는 것
친구와 싸우고 못된 말을 해서 상처를 주면 내 마음도 너무 불편했어. '싸움'은 사람을 불행하게 만드는 것 같아.	나는 엄마가 나를 꼭 안아 주면서 사랑한다고 할 때 행복해. '가족'은 사람을 행복하게 만드는 것 같아.

버트런드 러셀

1872년		5월 18일, 영국에서 태어납니다.
1874년	2세	어머니와 누나가 병으로 세상을 떠납니다.
1876년	4세	아버지 앰블리 자작이 기관지염으로 세상을 떠나고, 형과 함께 할머니 집으로 갑니다.
1983년	11세	형 프랭크에게 유클리드 기하학을 배웁니다.
1888년	16세	예비 학교에 다닙니다.
1890년	18세	케임브리지 대학교 트리니티 칼리지에 입학합니다.
1891년	19세	케임브리지 대학교 비밀 토론 모임인 '사도회'에 가입합니다.
1893년	21세	학부 과정을 졸업하고 대학에 남아 철학을 공부합니다.
1894년	22세	할머니의 반대를 무릅쓰고 앨리스와 결혼합니다.
1897년	25세	논문《기하학의 기초에 관한 연구》를 출판합니다.
1900년	28세	화이트헤드와 함께 파리에서 열린 국제 철학 대회에 참석하여 이탈리아 수학자 페아노를 만납니다.
1903년	31세	《수학의 원리》를 출판합니다.
1906년	34세	여성 참정권 협회에 가입합니다.

1907년	35세	여성 참정권을 알리기 위해 하원 의원 보궐 선거에 출마합니다.
1910년	38세	《수학의 원리》 속편을 차례대로 출판합니다.
1913년	41세	《수학의 원리》 속편 출판을 마무리합니다.
1916년	44세	미국 윌슨 대통령에게 공개편지를 보내고, 징집 반대 운동에 적극적으로 참여합니다.
1918년	46세	반전 기고문이 문제가 되어 6개월 징역형을 선고받습니다.

1927년	55세	실험 학교를 설립합니다.
1939년	67세	미국 UCLA 대학의 교수가 됩니다.
1944년	72세	케임브리지 대학교의 철학 교수가 됩니다.
1950년	78세	노벨 문학상을 받습니다.
1955년	83세	핵무기 없는 세상과 분쟁의 평화적 해결을 호소하는 러셀-아인슈타인 선언을 합니다.

1961년	89세	반핵 시민 불복종 운동으로 감옥에 갑니다.
1963년	91세	버트런드 러셀 평화 재단을 설립합니다.
1970년	98세	기관지염이 악화되어 세상을 떠납니다.

찾아 보기

who? 한국사

초등 역사 공부의 첫 단추! '인물'을 알아야 시대가 보인다

● 선사 · 삼국 ● 남북국 ● 고려 ● 조선

※ who? 한국사(전 47권) | 대상 초등학교 전 학년 | 책 크기 188×255 | 각 권 페이지 190쪽 내외

who? 인물 중국사

인물로 배우는 최고의 역사 이야기

※ who? 인물 중국사 (전 30권) | 대상 초등학교 전 학년 | 책 크기 188×255 | 각 권 페이지 190쪽 내외

who? 아티스트

최고의 명작을 탄생시킨 아티스트들을 만나다

● 문화 · 예술 · 언론 · 스포츠

※ who? 아티스트(전 40권) | 대상 초등학교 전 학년 | 책 크기 188×255 | 각 권 페이지 190쪽 내외

who? 인물 사이언스

기술로 세상을 발전시킨 과학자들의 이야기

※ who? 인물 사이언스 (전 40권) | 대상 초등학교 전 학년 | 책 크기 188×255 | 각 권 페이지 180쪽 내외

who? 세계 인물

세상을 바꾼 위대한 인물들의 이야기

※ who? 세계 인물(전 40권) | 대상 초등학교 전 학년 | 책 크기 188×255 | 각 권 페이지 180쪽 내외

who? 스페셜 · K-pop

아이들이 가장 만나고 싶고, 닮고 싶은 현대 인물 이야기

※ who? 스페셜 · K-pop | 대상 초등학교 전 학년 | 책 크기 188×255 | 각 권 페이지 190쪽 내외